AF474081

BIBLIOTHÈQUE MORALE

DE

LA JEUNESSE

LES

ÉMIGRANTS

AU BRÉSIL

TRADUIT DE L'ALLEMAND

d'Amélie Schoppe

PAR P.-C. GÉRARD

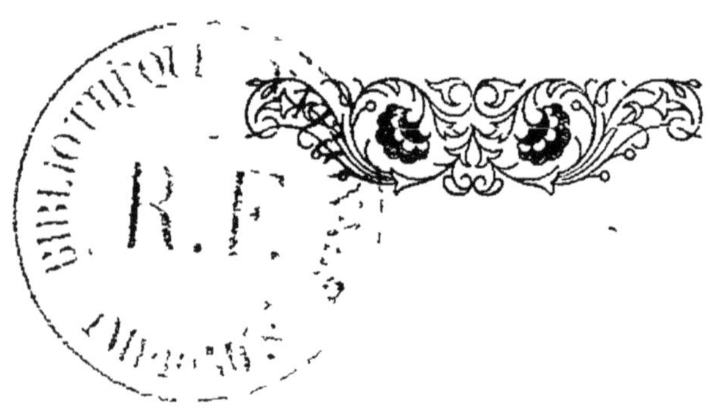

ROUEN

MÉGARD ET Cie, IMPRIMEURS-LIBRAIRES

Grand'Rue, 156, et rue du Petit-Puits, 21

1851

Avis des Éditeurs.

Les Éditeurs de la **Bibliothèque morale de la Jeunesse** ont pris tout-à-fait au sérieux le titre qu'ils ont choisi pour le donner à cette collection de bons livres. Ils regardent comme une obligation rigoureuse de ne rien négliger pour le justifier dans toute sa signification et toute son étendue.

Aucun livre ne sortira de leurs presses, pour entrer dans cette collection, qu'il n'ait été au préalable lu et examiné attentivement, non-seulement par les Éditeurs, mais encore par les personnes les plus compétentes et les plus éclairées. Pour cet examen, ils auront recours particulièrement à des Ecclésiastiques. C'est à eux, avant tout, qu'est confié le salut de l'Enfance, et, plus que qui que ce soit, ils sont capables de découvrir ce qui, le moins du monde, pourrait offrir quelque danger dans les publications destinées spécialement à la Jeunesse chrétienne.

Toute observation à cet égard peut être adressée aux Éditeurs sans hésitation. Ils la regarderont comme un bienfait non-seulement pour eux-mêmes, mais encore pour la classe si intéressante de lecteurs à laquelle ils s'adressent.

LES ÉMIGRANTS AU BRÉSIL.

CHAPITRE PREMIER.

Le Brésil.

Mes chers enfants, vous avez déjà sans doute entendu parler des gens qui, abandonnant l'Europe, dont la population est devenue si considérable, qu'elle peut à peine nourrir tous ses habitants, vont dans d'autres parties du globe, et principalement dans le Nouveau-Monde, chercher des moyens de soutenir leur existence, faute de les trouver dans leur patrie.

Combien de malheureux émigrants ont été trompés dans leurs espérances, et, au lieu de trouver dans leur nouvelle patrie le bonheur qu'ils y cherchaient, n'y ont rencontré que la plus affreuse misère et quelquefois l'esclavage ! D'autres, en revanche, ont prospéré au-delà de leur attente.

Parmi les pays de l'Amérique où le besoin et quelquefois le désir d'émigrer conduisent les Européens, le Brésil est celui auquel ils paraissent avoir donné la préférence.

Ce vaste empire, situé dans l'Amérique du Sud, non loin de la ligne équinoxiale, est, sous le rapport des productions naturelles, un des pays les plus favorisés de la terre. Sa superficie est de 100,000 lieues carrées, dont 1,000 au plus sont cultivées; par conséquent, il offre aux émigrants un vaste champ pour exercer leur industrie.

Naguère le Brésil n'était qu'une province du petit royaume de Portugal, administrée par un vice-roi et des gouverneurs. Depuis 1822, il s'est entièrement séparé de la métropole, et le prince royal de Portugal a été solennellement reconnu empereur du Brésil sous le nom de Pierre Ier, de sorte que cet empire forme aujourd'hui un état entièrement indépendant de l'Europe. Sa grandeur toujours croissante pourra peut-être un jour devenir redoutable à l'Amérique du Sud.

Si la population de l'Europe est trop considérable pour son étendue, qui n'est pas comparable à celle de l'Amérique, le Brésil, au contraire, est pauvre en habitants; car il ne compte que 4,221,000 âmes sur l'immense surface de 100,000 lieues carrées, et le gouvernement actuel s'occupe sans relâche d'y attirer des étrangers, principalement des Européens, qu'y conduisent de flatteuses promesses, qu'ils voient rarement se réaliser.

Nonobstant les déceptions sans nombre qu'y ont éprouvées une foule considérable d'émigrants, chaque année des familles entières partent pour le Brésil, dans l'espoir d'y faire fortune. Plus d'un jeune homme s'est embarqué sur le navire qui transportait des émigrants dans cette contrée, en se berçant de rêves d'or ; plus d'une famille a vendu tout ce qu'elle possédait en Europe pour payer les frais de passage, qui sont très-considérables.

CHAPITRE II.

Le Père Riemann et les Emigrants.

Ce ne fut ni le désir d'émigrer, ni la cupidité qui fit prendre au père Riemann, brave et actif laboureur wurtembergeois, la détermination de quitter le sol qui l'avait vu naître, pour chercher dans des pays éloignés un bonheur incertain.

De mauvaises années, les ravages de la grêle, la mortalité du bétail avaient peu à peu accompli la ruine de cette honnête famille, qui avait joui jadis d'une douce aisance, et le pauvre Riemann était encore une fois au milieu de ses champs, que la grêle avait dévastés. Les épis jonchaient la terre : pas un n'avait échappé à la destruction. Il comptait cependant sur cette récolte ; si elle avait été abondante, il y avait encore espoir de salut pour lui, il aurait eu son pain assuré pour toute l'année et aurait pu rembourser à son propriétaire une partie de ses fermages ; car le père Riemann ne possédait pas de terres, il tenait une ferme à bail d'un riche propriétaire du pays. Son patrimoine consistait en une pauvre chaumière et quelques perches de terre ; encore tout n'était-il pas à lui ; car les malheurs qu'il éprouvait depuis quelques années l'avaient obligé d'emprunter de l'argent et de laisser prendre hypothèque sur sa maison.

« Seigneur, s'écria Riemann l'œil humide de larmes, en contemplant ses champs dévastés, ta main s'appesantit sur moi. Que ta sainte volonté soit faite ! » ajouta-t-il au bout de quelques instants en levant les yeux au ciel ; car, plein de soumission envers Dieu, il supportait ces rudes épreuves avec une résignation admirable.

Mes chers enfants, imitez l'exemple de ce vertueux laboureur et apprenez à vous soumettre sans murmures aux volontés de Dieu ;

dites comme lui, quand le malheur vous frappe : « Seigneur, que ta volonté soit faite ! » Quelle que soit votre affliction, la plus douce consolation que vous puissiez trouver est de penser qu'elle vient du Tout-Puissant. Moi-même ai plus d'une fois eu recours à ce moyen ; quand le chagrin m'accablait, j'adressais à Dieu une fervente prière, et le calme renaissait dans mon cœur. Quand les mauvais jours étaient passés et que le bonheur paraissait me sourire, je reconnaissais avec gratitude que mes espérances n'avaient pas été déçues, que ce n'avait pas été en vain que j'avais eu confiance en la bonté et en la sagesse de mon Créateur, et que souvent même cette affliction était devenue la source unique de mon bonheur. Cette résignation, que vous acquerrez aussi bien que moi, rend au cœur sa force et son calme ; on se soumet avec humilité aux volontés du Très-Haut. Et quel bonheur sur cette terre approche de la confiance en Dieu ?

Telle était la situation du père Riemann ; et, quoiqu'il ne vît pas comment il lui serait possible de soutenir plus longtemps sa famille, il ne désespérait pas de la bonté de Dieu, et disait en lui-même : « Celui qui donne aux fleurs des champs leur brillante parure et la nourriture aux jeunes oiseaux, ne m'abandonnera pas. »

Il se disposait à retourner au milieu des siens, lorsqu'il entendit au loin retentir des chants joyeux : c'étaient des hommes, des femmes et des enfants qui chantaient cette chanson si répandue dans toute l'Allemagne :

Le Brésil n'est pas loin d'ici, etc

et cherchaient, par leurs chants, à se distraire des ennuis de leur long et pénible voyage.

Les émigrants furent bientôt près de lui ; le convoi consistait en soixante-dix à quatre-vingts personnes de tout âge et de tout sexe, les uns portant leur bagage sur leur dos, les autres sous leur bras. Les mères conduisaient par la main leurs jeunes enfants et invitaient leurs compagnons de voyage à ralentir leur marche, pour qu'elles ne fussent pas obligées de rester en arrière. De jeunes et vigoureux garçons s'étaient attelés à de petites voitures sur lesquelles étaient chargés sans ordre des ustensiles de ménage et des instruments d'agriculture. Quelques chiens, fidèles compagnons de l'homme, suivaient leurs maîtres, à la fortune desquels ils étaient attachés ; sanglante réprobation de la conduite de bien des hommes, qui ne restent fidèles à leurs amis que tant que la fortune leur sourit. Tous allaient pieds nus, tant pour accélérer leur marche que pour ménager leur chaussure. Quelques vieillards fumaient dans de petites pipes de terre noircies par l'usage ; les enfants grignotaient des croûtes de pain qu'ils avaient reçues de la charité des habitants des villages qu'ils traversaient, et où régnait la misère, aussi bien que parmi eux. Un de leurs compagnons, jeune et joyeux garçon, avait tiré sa flûte de son sac et jouait en marchant l'air de la chanson que je viens de citer ; ses camarades l'accompagnaient de la voix.

Le convoi passa devant le père Riemann,

et chacun salua amicalement le brave laboureur.

« Où allez-vous comme cela ? » demanda le vieillard à un homme dans la force de l'âge, qui portait dans ses bras un de ses enfants encore à la mamelle, tandis qu'un autre, gros garçon de six ans, aux joues rouges et rebondies, allait trottant à ses côtés.

« Notre chanson vous le dit, » répondit le voyageur en s'arrêtant.

« Vous allez au Brésil ? » lui demanda Riemann.

« Oui, oui, nous partons pour le Brésil ; ici nous mourons de faim ; la terre nous refuse notre subsistance, et nous allons chercher fortune dans un pays où l'on trouve dans tous les coins des monceaux d'or et d'argent, ainsi que cela nous a été assuré. Si nous n'y trouvons pas les richesses qui nous ont été promises, nous savons que le pays est assez vaste pour occuper des bras laborieux, et qu'au moins nous n'y périrons pas de misère. »

« Où vous embarquez-vous ? » lui dit

Riemann, dont l'esprit parut frappe d'un trait de lumière.

« En Hollande, où se trouvent un grand nombre de navires qui transportent les émigrants dans leur nouvelle patrie. Adieu, portez-vous bien ; je ne puis m'arrêter plus longtemps ; car mes compagnons marchent toujours, et j'aurais de la peine à les rejoindre. »

« Bon voyage, » lui dit Riemann en lui pressant la main.

« Grand merci, père, » répondit l'émigrant.

Bientôt le convoi disparut aux yeux de Riemann derrière une colline fermant l'entrée d'une vallée qui se déroulait au loin.

« Au Brésil ! pensa Riemann en regagnant sa chaumière. Il faut que je réfléchisse à cette idée, et puis après.... Eh ! qui sait si Dieu ne m'a pas envoyé ces gens pour me montrer le chemin du salut ? »

CHAPITRE III.

Allons au Brésil.

« Mes enfants, dit le père Riemann en rentrant dans sa chaumière, où sa famille assemblée cherchait à lire sur ses traits si l'espoir de la récolte était anéanti, la grêle a tout détruit ; il ne faut plus, pour cette année, penser à la récolte... »

Il fut interrompu par l'exclamation : « Dieu ait pitié de nous ! » qui s'échappa de la bouche de tous les assistants. Marguerite, sa fille aînée, veuve depuis peu, et que son vieux père soutenait ainsi que son enfant, s'écria : « Nous voilà perdus, perdus à tout jamais ! Malheureux que nous sommes ! »

« Ma fille, répondit le pieux vieillard, nous sommes pauvres, et non malheureux ;

nous ne sommes pas perdus ainsi que tu le penses ; car la perdition n'est que pour les gens vicieux et les pécheurs endurcis. Il est vrai que le sort nous est contraire, et que nous ne pouvons sans effroi jeter un regard sur l'avenir ; mais, comme nous n'avons jamais fait de mal et que nous observons religieusement les préceptes du Seigneur, nous ne devons pas perdre courage ; Dieu, notre Père céleste, ne nous abandonnera pas ; je crois même que déjà il nous a montré le chemin de la délivrance. Vous savez que l'empereur du Brésil accorde des secours aux gens laborieux qui viennent s'établir dans son pays ; qu'il leur donne de la terre à cultiver, des grains et des instruments d'agriculture, parce que son vaste empire n'est pas assez peuplé, et qu'en outre les naturels du pays ne connaissent qu'imparfaitement la culture... »

« Eh bien ! mon père, où voulez-vous en venir ? » lui demanda Conrad, l'aîné de ses fils, garçon actif et vigoureux, en le regardant fixement.

« Je voulais vous proposer, continua Riemann, de vendre notre chaumière et les meubles qui nous sont inutiles, de nous acquitter de nos dettes et d'employer la somme qui nous restera à payer notre passage pour le Brésil, où nous trouverons, sans nul doute, une récompense de nos labeurs. »

« Ma foi, s'écria Conrad, cette idée n'est pas à dédaigner. » Dans son imagination de jeune homme, il saisissait avidement l'occasion de voir des contrées inconnues. Mais cet empressement était excusable ; car il ne pouvait attendre dans sa patrie que le désespoir et la misère.

Marguerite et les autres enfants (car depuis longtemps Riemann avait perdu sa compagne) baissèrent les yeux et laissèrent échapper un soupir. Qu'il leur semblait cruel de quitter leur chère patrie, le sol qui les avait vus naître ; d'abandonner ce jardin si longtemps cultivé par leurs mains, ces cerisiers qu'eux-mêmes avaient plantés et qui portaient les plus doux fruits, ces berceaux de lilas où ils trouvaient un abri contre l'ardeur du soleil à leur retour des champs, quand ils pouvaient consacrer un quart d'heure au repos !

Mais ce qui les affligeait plus encore que tout cela, c'était de quitter le tombeau de leur mère, où chaque année ils allaient en pleurant répandre quelques fleurs. Il fallait que pour toujours ils s'en éloignassent.

Le père Riemann vit ce qui se passait dans leur esprit ; il soupira, et leur dit après une longue pause :

« Je sais tout ce que vous pourrez m'objecter pour combattre mon dessein ; mais je ne vois pas pour nous d'autre voie de salut ; car mendier, mendier, mes enfants, est le sort qui nous menace, et nous ne nous abaisserons pas à ce point ; cependant nous ne pouvons, dans toute cette contrée, trouver à nous occuper ; il y a déjà trop de bras. »

« Vous avez raison, père, dit Marguerite en soupirant et en serrant son enfant contre son sein ; il faut que nous partions d'ici. »

« Oui, oui, partons ! » s'écria toute la famille. Tous les yeux devinrent humides, excepté ceux de Conrad, qui brûlait du désir de quitter l'Allemagne et s'élançait avec confiance vers cet avenir incertain.

CHAPITRE IV.

Le Départ.

Le père Riemann vendit sa chaumière ainsi que tout ce dont il pouvait se passer ; il paya toutes ses dettes, prit congé de ses voisins et de ses amis ; ce qui n'eut pas lieu sans bien des larmes; car cet excellent homme jouissait de l'estime générale, et il exhorta les siens à la résignation. Le jour de quitter à jamais la patrie était arrivé.

Quand Riemann eut mis toutes ses affaires en ordre, il lui restait encore 300 thalers (environ 1200 francs), et il fallait que cette somme suffît pour que cinq personnes, non compris l'enfant de Marguerite, qui était encore à la mamelle, fissent le voyage de

Hollande et payassent leur passage pour le Brésil. Le vieillard soupira en voyant si peu d'argent; mais il ne perdit pas courage et s'abandonna à la volonté de Dieu.

« Conrad, dit-il à son fils quand tout fut prêt pour le départ, comme tu es plus fort et plus agile que nous, tu vas partir devant, et tu retiendras cinq places sur un bâtiment d'Amsterdam; car je crois que c'est de là que partent les navires qui conduisent les émigrants dans l'Amérique du Sud. Quand nous arriverons, nous n'aurons qu'à nous embarquer. Tiens, voilà 10 thalers; avec cela tu pourras faire le voyage. »

« 10 thalers ! s'écria Conrad; la moitié me suffit; que ferais-je de tant d'argent ? Dieu me préserve de dépenser cette somme ! »

« Prends-les toujours, répondit Riemann; nous retrouverons ce qui te restera. »

Conrad ne répliqua pas; il mit l'argent dans sa poche, prit sur son dos son paquet et celui de sa sœur Marguerite, qui ne pouvait pas le porter, à cause de son enfant, et se mit gaîment en route. Le reste de la famille le suivait lentement; car, quoique sa sœur Anna et son frère Wilhelm, qui étaient âgés l'un de quinze ans et l'autre de dix-sept, pussent aller aussi vite que lui, leur père ne pouvait plus marcher assez rapidement pour le suivre, et le précieux fardeau que portait Marguerite ne lui permettait pas de précipiter sa marche.

Quand ils furent arrivés sur la colline qui domine le village, ils s'arrêtèrent et jetèrent un dernier regard sur leur chère patrie, qu'ils voyaient pour la dernière fois.

Marguerite regarda douloureusement les deux tilleuls plantés devant le presbytère; c'était là qu'elle avait vu son mari pour la première fois. Le souvenir des jours heureux qui l'avaient vue danser et se réjouir sous leur frais ombrage se retraçait à son esprit. Riemann tourna les yeux vers le lieu de repos où sa chère femme, la compagne de sa jeunesse, dormait du sommeil éternel. Anna et Wilhelm regrettaient leur petit jardin, leurs fleurs et les fruits de leur cher cerisier.

« Allons, partons, mes enfants, dit le père Riemann, en comprimant un soupir près de s'échapper de sa poitrine. Si nous restons plus longtemps ici, nous nous attristerons davantage. Il vaut mieux nous éloigner rapidement. »

« Sort cruel ! » murmurait Marguerite en essuyant ses larmes.

« Qui sait ce qui nous est réservé ? reprit Riemann ; et j'ai bonne espérance que rien de fâcheux ne nous menace. Allons, chantons, pour charmer la route, un cantique de notre chère patrie. » Il entonna d'une voix tremblotante le beau cantique :

Celui qui s'abandonne à Dieu, etc.

CHAPITRE V.

L'Embarquement.

Après un voyage aussi long que pénible, la famille Riemann arriva enfin dans la célèbre ville d'Amsterdam, la reine des villes de commerce. Riemann, après avoir cherché un gîte pour ses enfants, se dirigea vers le port, dans l'espérance d'y rencontrer Conrad, qu'il supposait y être arrivé depuis longtemps.

Il ne s'était pas trompé; car il vit sur la plage se promener en long et en large un jeune homme qu'il reconnut pour son fils. Il se dirigea à grands pas vers lui.

« Eh bien! Conrad, comment cela va-t-il? As-tu trouvé un navire pour nous? Le passage est-il cher ? » lui demanda-t-il en lui pressant amicalement la main.

« Tout est terminé, répondit Conrad en retenant un soupir ; le passage coûte 200 thalers. Vous avez vraisemblablement encore cette somme? Un capitaine dont le navire va mettre aussitôt à la voile nous conduit au Brésil pour ce prix. »

« Comment ! pour 200 thalers? s'écria le vieillard avec surprise. Cette somme est beaucoup moins considérable que je ne m'y étais attendu. As-tu dit à ce brave homme que nous étions cinq et un jeune enfant? »

« Il sait tout, et il ne nous demande que cette somme. Rendons-nous aussitôt à bord ; car le navire n'attend qu'un vent favorable pour lever l'ancre. »

« Jamais je n'aurais pensé payer si peu pour le passage. Je comptais que les 250 thalers qui me restent me suffiraient à peine pour payer notre voyage ; maintenant il nous reste 50 thalers. Remercions Dieu, mon fils, de ce qu'il nous a fait rencontrer un capitaine si honnête. »

Conrad soupira et détourna le visage pour

que son père n'aperçût pas les larmes qui s'échappaient de ses yeux.

« Qu'as-tu donc, mon fils? lui demanda Riemann, à qui l'état de trouble dans lequel il était n'échappa point. Tu paraissais si joyeux de faire ce voyage, et maintenant tu trembles de partir? »

« Nullement, mon père; je sais, au contraire, que ce voyage doit nous sauver, et je ne le vois nullement d'un mauvais œil, répondit Conrad en faisant un effort pour retenir ses larmes. Allons maintenant rejoindre mes frères et revenons à bord le plus tôt que nous pourrons; car le navire pourrait partir sans nous, et alors il ne nous serait pas possible de trouver passage à si bas prix. »

Riemann trouva ce conseil fort sage et conduisit Conrad à l'auberge où la famille les attendait avec impatience.

Le vieillard paya la dépense qui avait été faite; chacun prit son paquet et se dirigea vers le port. Pour peu de chose une chaloupe les conduisit à bord de l'*Aurore*, sur laquelle Conrad avait retenu passage. Le navire était plein d'émigrants qui, dans la cabine ou sur le pont, attendaient le départ avec impatience.

« Ah! ah! vous voilà, dit à Conrad le capitaine du navire, homme d'un extérieur dur et repoussant. Ce sont là ceux pour qui vous avez retenu le passage? continua-t-il en montrant Riemann et ses trois enfants. Avant de faire un pas de plus, vous allez me payer ce dont nous sommes convenus. Avec des gens de votre trempe, on ne peut jamais prendre trop de précautions, et, quoiqu'aussi méfiant que le diable, cela n'empêche pas que je ne sois quelquefois dupe. »

« Vous allez avoir votre argent, lui répondit Conrad; sachez que des gens de notre trempe remplissent consciencieusement leurs engagements. »

« C'est ce que nous verrons, dit le capitaine avec un rire sardonique. En paroles, vous êtes toujours d'honnêtes gens; mais, quand il en faut venir aux effets, c'est alors qu'on voit combien peu il faut se fier à vous. »

« Père, donnez-moi votre bourse ; je vais, si vous le permettez, payer notre passage à cet homme, » dit Conrad au brave Riemann, que le mauvais accueil du capitaine avait rendu muet d'indignation.

« La voilà, mon fils, répondit Riemann en détachant de sa ceinture sa bourse de cuir ; hâte-toi de le payer. »

Conrad suivit le capitaine dans la cabine, lui compta 200 thalers et signa un papier que ce dernier lui apporta en silence. Il y laissa tomber une larme brûlante.

« Vous me paraissez un garçon bien sensible, lui dit le capitaine ; cela ne s'accorde guère avec la condition à laquelle vous êtes destiné. Au diable les larmes, jeune homme ! laissez-les aux femmes et aux enfants ; et surtout, une fois à Rio (c'est ainsi que les marins appellent Rio-Janeiro), ne faites pas une mine si piteuse ; car je me débarrasserais difficilement de vous. »

« Ne craignez rien, Monsieur le capitaine, répondit Conrad ; ce sont les dernières larmes que je verse sur mon malheur. Je suis homme et veux me comporter comme tel. Mon père m'a appris à supporter avec résignation le mal que je ne puis éviter. »

« C'est bien, très-bien ! jeune homme, » lui dit le capitaine en ramassant l'argent qui était sur la table et en le serrant dans l'armoire. « Encore un mot : vous avez un frère, un joli garçon, ma foi ; il est presque aussi grand que vous. Si vous lui proposiez.... vous entendez.... je veux dire en secret ; car le bonhomme n'y voudrait jamais consentir, à ce que vous m'avez dit. Si vous l'engagiez à signer un engagement semblable au vôtre ? »

« Dieu m'en préserve ! Vendre aussi la liberté de mon frère ! » s'écria Conrad avec l'accent de l'horreur.

« Parbleu ! je sais bien que vous ne le feriez pas pour rien, continua le capitaine sans se laisser intimider ; je vous rends 50 beaux thalers, si vous l'y déterminez. »

« Pour 1,000, je ne le ferais pas ! N'y pensez plus, et contentez-vous d'avoir acheté mon sang et ma vie. »

« Ce garçon me plaît, continua le capitaine en ouvrant son armoire et en en tirant une bourse. J'y ajoute 10 thalers. »

« Vous connaissez ma résolution. Je n'y consentirai jamais. »

« Je vous donne 70 thalers. »

« Non, non, pas même pour 10,000. »

« Eh bien ! allez au diable ! vous êtes un fou ! »

Conrad quitta alors la cabine et retourna vers les siens, qui l'attendaient avec impatience.

« Tout est-il terminé ? lui demanda son père. Pouvons-nous rester ici ? »

« Oui, oui, tout est arrangé ! lui répondit Conrad ; on va venir tout-à-l'heure nous indiquer dans l'entrepont une place pour nous et pour nos bagages. »

Au bout de peu d'instants, le contre-maître arriva et leur dit de le suivre.

CHAPITRE VI.

La Traversée.

La place assignée à chacun d'eux n'avait pas plus de cinq pieds de large et de sept pieds de long. C'était là qu'ils devaient se mouvoir, manger, dormir et serrer leurs bagages. L'air y était épais, brûlant et empesté ; car il y avait avec eux, dans ce navire et dans cet étroit emplacement, soixante-dix autres émigrants appartenant pour la plupart à la classe la plus abjecte de la nation. Les aliments qu'on leur donnait étaient mauvais, souvent à demi gâtés, et distribués avec une stricte économie.

Le biscuit de mer, qui constituait une partie de leur nourriture, était si plein de vers, qu'il fallait les en ôter avant de pouvoir y porter les dents. Leur dîner consistait en légumes secs, tels que des pois ou des fêves, cuits avec un morceau de lard rance dont chacun avait une petite tranche; toute mince qu'elle était, le goût en était si détestable, qu'on avait peine à la manger.

Pour boisson, les pauvres émigrants n'avaient que de l'eau qui commençait à croupir; et cependant ils se seraient estimés heureux si on leur en avait donné en quantité suffisante; mais ces infortunés souffraient horriblement de la soif, que provoquait encore l'usage des viandes salées.

Le père Riemann supporta patiemment toutes ces souffrances, dans l'espérance qu'elles ne tarderaient pas à finir; mais quand il vit l'enfant de Marguerite tomber malade, ses yeux se remplirent de larmes, et il s'écria en soupirant : « Grand Dieu, aie pitié de nous ! » Mais le Seigneur les réservait à une épreuve plus rude encore. Le pauvre enfant, l'unique joie de sa mère, sa seule et sa plus douce consolation, au départ si plein de santé, mourut le lendemain, faute de nourriture et d'air. La pauvre Marguerite vit avec un serrement de cœur inexprimable attacher à une planche le cadavre de son pauvre enfant et le jeter dans l'abîme, où il devait servir de pâture aux poissons.

Que de larmes répandit cette pauvre mère ! Combien d'angoisses n'éprouva pas le sensible Riemann ! Quel douloureux silence régnait parmi cette vertueuse famille !

Le père Riemann rompit enfin le silence et s'écria : « Grand Dieu, que ta volonté soit faite ! » Chacun répéta cette exclamation consolante, offrande faite au Seigneur des peines qui les accablaient.

Le voyage ne fut pas sans dangers ; car, comme ils approchaient des côtes du Brésil, il s'éleva une tempête furieuse ; le navire était horriblement ballotté par les flots, et le roulis épouvantable. La situation des émigrants était d'autant plus terrible que le capitaine les fit rentrer dans l'entrepont et les y enferma, parce qu'il craignait que ces infortunés, qui, dans leur frayeur, s'étaient réfugiés sur le pont, ne le troublassent dans le commandement de la manœuvre. La brutalité de cet homme était d'autant plus exécrable que, dans de semblables occasions, un capitaine ne doit jamais perdre son sangfroid.

On peut difficilement se faire une idée de la position de ces pauvres gens enfermés dans cet étroit espace. Le roulis du navire les jetait de côté et d'autre, sans que nulle part ils pussent trouver un point d'appui. Les caisses, les tables, les ballots, les meubles, tout tomba pêle-mêle au milieu des malheureux étendus sur le plancher, et blessa dangereusement plusieurs d'entre eux. Leurs souffrances étaient d'autant plus grandes que la plupart étaient atteints du mal de mer, dont on ne peut apprécier la violence qu'après l'avoir ressentie.

Dans un moment de calme, Marguerite dit à son père : « Le Seigneur a eu raison d'appeler à lui mon pauvre Antoine avant cette horrible tourmente; car, s'il avait encore vécu, il aurait succombé à une mort cent fois plus douloureuse. Comment aurais-je pu empêcher que cette innocente créature ne fût brisée contre les planches de ce navire ébranlé ? Tout ce que Dieu a fait est bien fait ; béni soit à jamais son nom ! »

CHAPITRE VII.

L'Arrivée. — Conrad est vendu.

Nos voyageurs, épargnés par la tempête, abordèrent heureusement sur les côtes du Brésil. Rio-Janeiro était devant eux. Ils virent une grande ville, dont la construction est régulière, mais les rues fort étroites, et qui renferme une foule d'églises et de maisons magnifiques. Partout où se portaient leurs regards, ils voyaient de malheureux esclaves noirs courbés sous le poids d'énormes fardeaux : ce spectacle était bien triste pour des gens accoutumés à vivre au milieu d'hommes libres.

« Voilà le palais du Gouvernement, dit le capitaine du navire aux émigrants, en leur montrant un édifice magnifique, voisin du port. C'est là que vous apprendrez dans quelle partie du pays il vous sera permis de vous établir. Quant à celui-ci, dit-il en désignant Conrad, qui était immobile sur la grève et n'osait lever les yeux, il m'appartient ; je le vendrai aussi bien que je le pourrai. »

« Vendre mon fils ! s'écria le père Riemann en se mettant entre Conrad et le capitaine ; je m'y opposerai tant qu'une goutte de sang coulera dans mes veines. Il y a aussi de la justice dans ce pays, et l'on ne souffrira pas que des hommes libres y soient vendus. »

« C'est justement parce qu'il y a des lois ici, répondit le capitaine avec un sourire ironique, que je le vendrai. Tenez, reconnaissez-vous sa signature? Voilà l'acte par lequel il m'a reconnu propriétaire de sa personne. » En disant ces mots, il tira de sa poche le contrat signé par Conrad et le fit lire au vieillard, sans pourtant le lui laisser entre les mains.

« Croyez-vous donc, continua-t-il sur le

même ton, que j'aurais amené cinq personnes au Brésil pour 200 thalers? Le moins que je pusse vous prendre était 400 thalers; c'est pour compléter cette somme que votre fils m'a donné le pouvoir de le vendre comme esclave, et je ferai valoir un droit qui m'est justement acquis. »

« Tu n'es qu'un vil marchand d'hommes! s'écria le père Riemann, en proie à la plus violente colère. Et toi, Conrad, dit-il à son fils en tournant vers lui ses yeux pleins de larmes, pourquoi as-tu fait une action si condamnable? Tu n'as donc pas songé à la douleur que tu nous causerais? »

« Pouvais-je faire autrement? lui répondit son fils en se jetant dans ses bras. Notre chaumière était vendue; ce voyage était notre dernière espérance; l'argent qui nous restait ne suffisait pas pour payer la traversée; il nous aurait fallu sacrifier à notre retour le peu d'argent que nous avions et rentrer en mendiant dans notre patrie. Il ne s'offrait à nous qu'une voie de salut: cet homme me proposa de nous transporter tous au Brésil si je voulais faire le sacrifice de ma liberté ; pouvais-je balancer un instant ? »

« Mon pauvre enfant ! mon brave Conrad ! que de grandeur d'âme ! que de dévoûment ! » s'écria son père.

« Mon bon frère, tu t'es sacrifié pour nous ! » lui dirent son frère et ses sœurs en le baignant de leurs larmes.

« Quand aurez-vous fini vos jérémiades? s'écria brusquement le capitaine ; j'en ai déjà assez. Ce garçon vient avec moi, il m'appartient ; quant à vous, allez où vous voudrez. Allons, l'ami, suis-moi au marché ; car je suis pressé de rentrer dans mon argent. »

« Encore un mot, un seul mot, capitaine, dit le père Riemann en se mettant entre Conrad et lui. Tenez, voilà 50 thalers ; prenez-les et emmenez-moi. Je puis encore travailler ; je suis plus fort que vous ne le pensez. Montrez-vous humain et compatissant ; rendez à mon infortunée famille un frère qui peut être son appui dans ces contrées inconnues. »

« Chansons que tous cela ! Me prenez-vous

pour un imbécile? lui répondit le capitaine. J'irais troquer un jeune homme plein de force contre un vieux bonhomme comme vous, qui n'a plus que quelques jours à vivre! Je puis en tirer un excellent parti et le vendre une somme qui me dédommagera des avances que je vous ai faites; mais vous, personne ne vous achèterait, et j'en serais pour mon argent. »

« Capitaine, répliqua le père Riemann, si vous êtes chrétien, si vous croyez à une récompense à venir, ne soyez pas assez cruel pour priver une famille entière de son unique soutien. »

« Il y a longtemps que je suis accoutumé à ce verbiage; chacun de ceux que j'amène ici m'en dit autant, et si je ne tenais pas ferme pour résister à leurs belles paroles, je n'aurais pas le sou et je serais un mendiant comme vous. »

« Mon père, dit Conrad d'un ton résolu et en essuyant ses larmes, vos prières sont inutiles; cessez de supplier plus longtemps cet homme; le marché est conclu, il peut faire valoir ses droits sur moi. La pensée que vous êtes heureux et à l'abri du pressant besoin adoucira les peines de l'esclavage; je serai moins à plaindre. »

« Non, non ! s'écria toute la famille, nous ne pourrons goûter aucun instant de repos tant que nous te saurons esclave. »

« Je ne puis pourtant me soustraire à mon sort, dit Conrad en détournant le visage pour cacher ses larmes; prenez courage et ayez confiance dans le Seigneur. »

« Allons, marche, dit le capitaine en poussant Conrad devant lui; tous ces pleurs m'ennuient. »

« Adieu, mon père ! adieu, mes chers frères ! » s'écria Conrad en pressant le pas pour s'éloigner d'eux. Bientôt il disparut aux regards de sa famille, que cet horrible événement semblait avoir pétrifiée.

« Il faut néanmoins que nous sachions ce qu'il va devenir, dit Riemann, revenu le premier de sa stupeur. Allons, mes enfants, suivons-le au marché; j'ai vu le chemin qu'il a pris. »

CHAPITRE VIII.

Le Marché aux Esclaves.

Ils arrivèrent sur le marché aux esclaves presqu'en même temps que Conrad et le capitaine. Ce dernier mit sa victime au nombre des autres esclaves, qui étaient pour la plupart des hommes de couleur. Toute la famille s'approcha le plus près qu'elle put. Il est facile de se figurer quelles sensations douloureuses venaient l'assaillir.

« Où est le contrat qui constate que cet homme est votre esclave ? » demanda au capitaine un homme qui paraissait être l'inspecteur du marché.

« Voilà l'engagement signé par lui, répondit le capitaine ; il s'est vendu à moi pour payer les frais de passage de sa famille. »

« Reconnaissez-vous votre signature ? » demanda l'inspecteur à Conrad.

« Oui, Monsieur, répondit Conrad avec fermeté ; je suis la propriété de cet homme. »

« Dans ce cas, mettez-vous dans le rang ; je ne puis vous être d'aucun secours, » répondit l'inspecteur. Conrad obéit.

Je vous épargnerai, mes enfants, le récit des scènes qui se passèrent sur ce marché. Les hommes traitaient leurs semblables comme des bêtes brutes ; ils les palpaient, les examinaient, les vendaient, les achetaient sans aucun scrupule. Conrad, qui était d'un extérieur agréable, fut vendu 500 piastres (plus de 600 écus), à l'inspecteur du jardin impérial, qui était fort riche. Celui-ci l'emmena sans lui permettre de dire un dernier adieu à sa famille éplorée. Le pauvre garçon jeta sur eux un regard où se peignaient les angoisses qui déchiraient son âme. Le père Riemann et ses enfants étaient anéantis.

« A quelle rude épreuve tu me soumets, ô mon Dieu ! s'écria le vieillard en poussant un soupir. Devais-je vivre assez pour être témoin d'un malheur semblable ! »

Aucun de ses enfants ne pouvait parler ; les sanglots étouffaient la parole au passage.

« Mes enfants, dit Riemann au bout de quelques instants, rendons-nous au palais du Gouvernement. Le sacrifice de ce brave Conrad ne sera pas sans fruits pour nous ; car notre misère l'affligerait plus que l'esclavage. Je connais son cœur ; vous le connaissez aussi. Peut-être le Seigneur nous montre-t-il le chemin qui doit faire notre salut. Ne désespérons pas de sa bonté paternelle ; il éprouve les hommes ; mais jamais il ne permet qu'ils succombent quand ils ne se sont pas rendus indignes de ses bienfaits. »

Ils partirent le cœur gros de soupirs et les yeux rouges de larmes.

CHAPITRE IX.

Le bon Matelot.

Arrivés au palais du Gouvernement, ils attendirent longtemps ; car les autres émigrants les avaient précédés, et l'on inscrivait leur nom sur une liste, à mesure qu'ils se présentaient. Le bon Riemann était le dernier.

La fortune distribuait aveuglément ses dons ; car le secrétaire du gouverneur, après avoir lu un nom, tirait d'une urne un billet sur lequel était écrit le nom du district dont une portion était assignée à l'émigrant. Le nom de ce dernier et celui du district étaient inscrits sur un registre par un autre secrétaire, puis il était congédié avec l'invitation de revenir au bout de huit jours pour recevoir l'acte qui le rendait propriétaire du terrain qui lui était dévolu en partage. Tout cela se passait avec un ordre des plus sévères. On n'ajoutait à la donation aucun mot amical ou superflu ; car les affaires étaient trop nombreuses pour qu'elles pussent être expédiées en un seul jour.

Le nom de Riemann fut enfin prononcé. Le gouverneur mit la main dans l'urne et en tira un billet qu'il lut en portugais et qu'un secrétaire allemand traduisit, ainsi qu'il le faisait chaque fois :

« Riemann, cultivateur wurtembergeois, avec trois enfants, dans le district des Diamants, sur les bords du Gigitonhonha. »

Quand ce dernier bulletin eut été lu et inscrit au procès-verbal, le gouverneur s'éloigna.

« Mon cher Monsieur, dit Riemann au secrétaire allemand, dont l'air lui inspirait de la confiance, dites-moi, je vous prie, si le sort m'a favorisé. »

« Oui, mon ami, lui répondit le secrétaire avec affabilité, le sort vous a été on ne peut plus favorable ; si vous travaillez assidûment, vous vivrez sans peine ; mais gardez-vous surtout d'acheter des diamants aux nègres qui travaillent dans la Mandanga (1) : car il vous en coûterait la vie. »

« Dieu me garde de dérober la moindre chose à un prince qui me recueille dans ses états, répondit le père Riemann. Je ne jouirai que de ce que j'aurai tiré du sein de la terre à force de sueurs et de travail. Je vous en supplie, Monsieur, donnez-moi quelques renseignements sur la contrée que nous devons aller habiter. »

« Je suis si fatigué, lui répondit le secrétaire, que j'ai à peine la force de me tenir, et je ne puis causer plus longtemps avec vous. Tout ce que je puis vous dire, c'est que si vous avez de l'argent, il faut vous procurer les instruments nécessaires à la culture et à la construction d'une maison ; sans quoi vous aurez bien de la peine à vous tirer

(1) La plus grande mine de diamants du Brésil, où travaillent plus de mille esclaves noirs.

d'affaire ; car on ne vous donnera que le sol nu. Les promesses faites aux émigrants de venir à leur secours ne sont jamais accomplies, et un grand nombre de ces malheureux, venus ici sans argent, sont morts de misère ; on les relègue dans des solitudes où ils ne peuvent avoir d'assistance de personne. Que ce que je viens de vous dire vous serve de règle de conduite. »

« Grand merci, mon cher Monsieur, lui répondit Riemann ; je ne me suis pas trompé sur votre compte en croyant trouver en vous un homme compatissant. » En disant ces mots, Riemann tendit la main au secrétaire, qui la lui serra amicalement et s'éloigna.

Il fallait songer à trouver un asile pour les huit jours qu'ils devaient encore passer à Rio-Janeiro, ce qui était fort difficile pour des gens auxquels la langue du pays était inconnue.

Ils errèrent longtemps à l'aventure dans les rues de la ville, qui étaient désertes, parce que midi était arrivé et que chacun se livrait au sommeil. La soif et la faim les tourmentaient et ils étaient accablés de chaleur. Ils croyaient toucher à leur dernière heure, lorsque le hasard permit qu'ils rencontrassent un matelot du navire sur lequel ils avaient fait la traversée. Cet homme, qui, à terre, était tout autre qu'à bord, leur offrit de les conduire dans une auberge où ils vivraient à bon compte, s'ils se contentaient de satisfaire les premiers besoins de la vie.

« Vous auriez pu, leur dit le matelot, tomber entre les mains de gens qui vous auraient non-seulement dépouillés du peu que vous possédez, mais encore vous auraient contraint de laisser conduire un de vos enfants sur le marché aux esclaves ; car, dans ce pays, l'amour de l'argent est excessif, et l'on n'est nullement délicat sur les moyens de satisfaire cette passion. »

Le père Riemann rendit grâces à Dieu de lui avoir fait rencontrer ce brave homme, qui était justement arrivé pour les préserver d'un malheur. Il pensait aussi à son pauvre Conrad, qui s'était si généreusement sacrifié pour eux et avait vendu sa liberté afin de leur assurer une existence indépendante.

Ils suivirent le bon matelot, qui les conduisit dans une misérable auberge voisine du port; ils y trouvèrent enfin des rafraîchissements et un abri contre la chaleur brûlante du soleil.

« Demain, dit Riemann, quand nous nous serons reposés, j'irai m'informer du sort de Conrad. Aujourd'hui, il me serait impossible de faire la moindre démarche; car je suis malade à la mort. Que sera devenu ce pauvre garçon? Pourvu qu'il ne soit pas tombé dans les mains d'un maître qui l'accable de travail! Que Dieu ait pitié de lui; car, s'il fallait qu'il lui arrivât quelque malheur, j'en mourrais. »

« Mon père, nous vous accompagnerons, s'écrièrent tous les enfants. Avant de quitter la ville, nous voulons voir encore une fois notre pauvre Conrad. »

« Dieu veuille que cette dernière consolation nous soit permise! » répondit le vieillard en soupirant; puis il ajouta: « Que la volonté du Seigneur s'accomplisse! »

CHAPITRE X.

La Tentative inutile. — Départ pour Gigitonhonha.

Le lendemain au matin, le matelot, qui continuait d'avoir pour eux toutes sortes de prévenances, se présenta pour les conduire au jardin de l'empereur; car il connaissait Rio-Janeiro aussi bien que sa ville natale, et parlait le portugais assez facilement pour être compris des Brésiliens.

Après une longue marche, rendue plus fatigante par la chaleur, qui augmentait à chaque instant, ils arrivèrent au jardin impérial. Le matelot demanda à un gardien, qu'il trouva à la porte, la permission d'y entrer avec ses compagnons.

« Pourquoi voulez-vous entrer dans le jardin de l'empereur ? avez-vous une carte d'admission ? demanda le gardien en continuant de fumer son cigare. Des gens de votre condition n'entrent jamais dans ce jardin sans être munis d'une permission, » continua-t-il en jetant un regard de mépris sur la pauvre famille.

« Nous n'avons pas de carte d'entrée, lui répondit le matelot avec emportement ; mais, malgré cela, nous ne méritons pas qu'on nous traite avec mépris. Les personnes qui m'accompagnent ont un de leurs parents dans ce jardin. Hier, il a été acheté sur le marché aux esclaves par l'intendant, et elles viennent pour prendre congé de lui. »

« Elles auraient dû le faire hier, avant qu'il ne fût vendu, répondit le Portugais ; maintenant il appartient à mon maître, et il ne souffre pas que personne parle à ses esclaves ; cela les dérange dans leur travail. Ainsi donc, si vous n'êtes pas munis d'une carte d'entrée, vous pouvez vous retirer ; car vous ne mettrez pas les pieds dans ce jardin. » En disant ces mots il tira une grille de fer richement dorée, en ferma les verrous et plusieurs serrures dont il portait les clefs à sa ceinture, et s'éloigna en fumant.

« Que le diable emporte cet homme ! s'écria le matelot en voyant le gardien s'éloigner ; il ne veut pas nous laisser entrer, et je doute fort que de pauvres gens comme nous puissent obtenir une permission ; mais ne vous chagrinez pas, leur dit-il d'un ton consolateur, je ferai tout ce que je pourrai pour m'en procurer une ; car il serait désespérant que vous dussiez aller vous ensevelir dans votre solitude avant d'avoir pris congé de ce brave Conrad. »

Ce bon matelot se donna toutes les peines imaginables pour se procurer une permission ; mais ses tentatives furent vaines ; car il ne put rien obtenir.

La pauvre famille Riemann se vit donc privée de la consolation d'embrasser encore une fois avant de partir leur cher Conrad, de le remercier du sacrifice qu'il avait fait pour eux et de lui promettre de faire tous leurs efforts pour rompre ses chaînes.

Les huit jours fixés par le gouverneur pour

le séjour des émigrants à Rio-Janeiro étaient écoulés ; le père Riemann se rendit au palais du Gouvernement pour y recevoir son titre de concession.

Le secrétaire allemand le lui remit et lui souhaita beaucoup de bonheur dans sa nouvelle carrière ; puis il lui répéta l'avertissement de ne jamais se laisser entraîner à acheter des diamants des esclaves de la Mandanga ou de leurs recéleurs ; car le supplice le plus horrible était réservé au voleur, ainsi qu'au recéleur et à l'acheteur.

« Monsieur, lui répondit Riemann, cette recommandation est inutile ; il est vrai que je ne puis rien désirer plus vivement que la possession de richesses qui me mettent à même de délivrer un de mes fils qui languit dans l'esclavage, et ce n'est qu'avec de l'or que je puis le racheter ; mais j'ai toujours Dieu présent à l'esprit, et je n'achèterais pas la liberté de mon enfant au prix d'une action coupable. »

Le secrétaire le loua de cette résolution, et ils se quittèrent.

Arrivé à son auberge, Riemann paya à

l'hôtesse la dépense qu'ils avaient faite. Quoiqu'ils se fussent bornés au plus strict nécessaire, et que souvent même ils ne satisfissent pas complètement leur faim, elle lui demanda 25 écus, en lui jurant que jamais personne n'avait été traité plus favorablement qu'eux, mais qu'elle avait eu égard à la recommandation qui lui avait été faite par son ami le matelot.

Il ne restait plus au père Riemann que 25 écus. Il en employa une partie à acheter les instruments aratoires et les outils qui lui étaient indispensablement nécessaires, et l'autre partie servit à acheter quelques provisions de bouche et quelques semences, telles que du riz et du maïs, qui croit très-bien dans ce pays. et des patates pour planter. Le gouvernement leur avait accordé un chariot qui devait les conduire au lieu de leur nouveau séjour. Ils partirent en pleurant de cette ville, qui renfermait ce qu'ils avaient de plus cher, l'infortuné Conrad.

A l'instant où ils allaient monter dans le chariot, qui était attelé de quatre vigoureux mulets, ils virent accourir le matelot, leur unique ami ; il portait sur son dos un sac si pesant, qu'il ployait sous le faix.

« Mes amis, leur dit-il en jetant le sac dans la voiture et en essuyant la sueur qui lui ruisselait du front, emportez ces choses avec vous comme un souvenir de moi ; elles pourront vous être utiles. Que Dieu soit avec vous ; vous êtes de braves gens, et il y aura encore d'heureux jours pour vous. »

Il leur tendit une dernière fois la main et s'éloigna avec précipitation, avant qu'ils eussent pu le remercier ; car ce brave homme, sous ses dehors grossiers, cachait un cœur plein de délicatesse, et l'expression de leur gratitude l'aurait humilié.

« Que Dieu te comble de ses biens ! » s'écria le père en le suivant des yeux. Le chariot se mit rapidement en marche.

CHAPITRE XI.

L'heureuse Découverte. — L'Arrivée.

« Nous sommes arrivés, dit à nos voyageurs le conducteur du chariot en s'arrêtant sur la place d'une petite ville. Montrez vos papiers au gouverneur, qui demeure dans cette belle maison en face de vous, et il vous fera conduire dans le terrain qui vous a été donné. »

Il descendit et dit aux voyageurs d'en faire autant ; il déchargea leurs bagages au milieu de la place, remonta dans sa voiture et s'éloigna. Nos pauvres émigrants, seuls au milieu d'un pays dont ils ne connaissaient pas la langue, se virent entourés d'une foule considérable de curieux, qui les regardaient d'un air ironique et plaisantaient entr'eux sur leur embarras.

Ils ne savaient que faire. « Enfants, leur dit le père Riemann, restez près de nos bagages et ne les quittez pas ; je vais aller montrer nos papiers au gouverneur, qui nous fera sans doute donner un asile, ou nous fera conduire à notre nouveau séjour ; car il ne nous reste pas d'argent. Ne perdons pas courage, Dieu veille sur nous. »

Le vieillard entra dans le palais du gouverneur et fut aussitôt entouré d'une foule d'esclaves noirs, arrachés à leur patrie et condamnés aux travaux les plus rudes ; mais comme aucun d'eux ne parlait allemand, et qu'il ne pouvait venir à bout de s'en faire comprendre, il était dans un embarras plus grand qu'auparavant, lorsque tout-à-coup il vit s'ouvrir la porte d'un cabinet qui donnait sur la salle d'entrée ; il en sortit un homme grand et maigre, dont le visage était brûlé du soleil et d'une expression sombre et repoussante.

Il porta aussitôt les regards sur Riemann, qui, excepté le gouverneur, était le seul blanc qui se trouvât au milieu des domestiques, et tendit la main sans proférer une seule parole. Riemann, après s'être profondément incliné, lui remit le papier qui lui avait été délivré à Rio-Janeiro. Le gouverneur le parcourut, fit alors signe de la main à un esclave et rentra dans son cabinet sans avoir ouvert la bouche. Le pauvre Riemann ne savait que penser de cette scène et se rappelait avec inquiétude que ses pauvres enfants étaient restés au milieu de la place, exposés aux rayons brûlants du soleil.

Plusieurs heures s'écoulèrent sans que personne parût s'occuper de lui; enfin, il vit revenir le nègre, qui lui fit signe de le suivre. Riemann ne le fit pas répéter, il se hâta de gagner la place et trouva ses enfants succombant à la chaleur et au besoin. Tous se plaignirent d'une soif brûlante; mais il ne savait où trouver les moyens de les satisfaire. Il ne voyait de fontaine nulle part, et il n'avait pas d'argent pour acheter le moindre rafraîchissement. Il avait déjà appris à ses dépens que, dans ce pays, les avides habitants ne donnaient rien par charité.

Le nègre leur fit signe de se hâter de le suivre ; mais leur état d'épuisement était tel, que leurs jambes refusaient de les soutenir. Le père Riemann se rappela tout-à-coup le sac qui leur avait été donné par le bon matelot. Il y chercha pour voir s'il n'y trouverait rien pour apaiser leur soif et réparer leurs forces.

Il ne s'était pas trompé ; car le sac contenait du riz, du café, du thé, du sucre, un petit paquet cacheté contenant quelques piastres (environ 5 fr.), et un mouchoir de couleur semblable à ceux que portent les matelots, qui était rempli d'oranges. « Voyez-vous, mes enfants, dit le père Riemann à sa famille, Dieu est venu à notre secours. Ne perdons pas confiance en lui ; car jamais il ne nous oublie. »

Le pauvre noir eut sa part dans la distribution des oranges ; ce qui le rendit plus prévenant envers nos pauvres voyageurs.

Quand ils furent désaltérés, ils ne désirèrent rien tant que d'arriver au terme de leur voyage ; mais il fallait se procurer une voiture pour transporter tous les bagages, et ils pouvaient maintenant en faire les frais ; l'embarras était de se faire comprendre. Vous voyez, mes petits amis, combien il est utile d'apprendre les langues étrangères ; car il arrive des circonstances où nous ne pouvons même pas nous procurer les choses les plus nécessaires à la vie, quand nous nous trouvons dans un pays dont la langue nous est inconnue. On ne pouvait pas attendre du père Riemann, qui n'était qu'un simple laboureur, qu'il eût acquis ces connaissances précieuses ; mais vous, qui, par les soins que vos parents prennent de votre éducation, êtes à même de les acquérir, ne négligez pas, dans les belles années de votre jeunesse, de vous livrer à l'étude avec application, et surtout d'apprendre les langues étrangères, qui tôt ou tard vous seront utiles.

Si ma mémoire est fidèle, c'est l'empereur Charles-Quint qui avait coutume de dire d'un homme qui parlait quatre langues, qu'il était homme quatre fois ; et en effet il avait raison.

Mais revenons à nos émigrants, qui étaient fort embarrassés de faire comprendre leur désir. Leur embarras était au comble, lorsqu'il vint à passer devant eux une petite charrette attelée de deux mulets. Elle était vide; le père Riemann courut après, et, par ses cris et ses signes, obligea le conducteur à s'arrêter; ce que celui-ci fit. Il commença par lui montrer de l'argent, puis les effets qui étaient sur la place, et fit signe de la main pour indiquer qu'il voulait sortir de la ville.

Le conducteur ne le comprenait toujours pas et le regardait d'un air hébété; mais le nègre, accoutumé au langage des signes avant qu'il entendît le portugais, comprit l'idée de Riemann et lui servit d'interprète. Ils convinrent de prix; le charretier leur fit signe de charger leurs bagages sur sa charrette, et bientôt, au contentement de toute la famille, ils se mirent en route. Comme la charrette était trop petite pour que nos voyageurs pussent y prendre place, ils furent obligés de la suivre à pied; ce qui augmenta leur fatigue; car le muletier lança ses mules au trot, sans s'occuper s'ils le pouvaient suivre.

Cette marche fut bien pénible; mais ils ne firent nulle attention à leur lassitude; car ils touchaient au terme de leur voyage. Ils arrivèrent enfin au but si vivement désiré. La voiture s'arrêta sur les bords d'un fleuve dont les eaux sont aussi claires que le cristal; c'était le Gigitonhonha, sur les rives duquel ils devaient s'établir.

Le nègre les aida à décharger leurs bagages, et le voiturier, après avoir reçu son argent, leur tendit amicalement la main et partit.

CHAPITRE XII.

Une Nuit au milieu des Déserts.

Le crépuscule approchait quand nos pauvres émigrants se trouvèrent seuls. Le pays dans lequel ils se trouvaient offrait un aspect ravissant ; mais ce n'était qu'une vaste solitude. On ne voyait nulle part de traces d'homme, tout était morne et silencieux. Quelques oiseaux au plumage brillant, cachés dans l'épaisseur du feuillage d'arbres élevés, faisaient retentir l'air de leurs derniers chants, et l'on voyait çà et là des quadrupèdes inconnus paraître au-dessus de l'herbe élevée, et, effrayés à la vue des étrangers, regagner rapidement leur gîte.

« Enfin, mes enfants, dit le père Riemann, nous voilà arrivés. Dieu, jusqu'à présent, a guidé nos pas; que son saint nom soit béni ! »

« Que son saint nom soit béni ! » répétèrent les enfants.

« Mon père, dit Marguerite, où allons-nous passer la nuit ? Je n'aperçois ici aucune habitation. »

« Nous la passerons comme nous pourrons, répondit son père. L'air est chaud et agréable ; demain nous commencerons à construire une cabane pour nous mettre à l'abri des attaques des bêtes sauvages et nous préserver de l'air glacé de la nuit. Il se passera beaucoup de temps avant que nous ayons une chaumière aussi bien construite que la nôtre. »

« Si Conrad était ici, dit Marguerite en soupirant, il nous aurait bientôt tiré d'affaire; car je ne connais personne de plus adroit et de plus inventif que lui. »

« Oui, oui, mon enfant, Conrad est non-seulement le meilleur fils et le meilleur frère, mais encore un homme plein d'adresse et de ressources, » répondit le père Riemann en retenant une larme près de lui échapper, pour ne pas augmenter l'affliction de ses enfants. Il continua, après une pause pendant laquelle chacun avait les regards tristement inclinés vers la terre : « Ne nous abandonnons pas au découragement ; Dieu nous donnera les forces nécessaires pour sortir de l'état de misère dans lequel nous nous trouvons. Notre premier soin doit être de nous défendre contre l'air froid de la nuit, pour ne pas nuire à notre santé, le seul bien qui nous reste sur cette terre, après une conscience pure. »

En disant ces mots, il jeta les yeux autour de lui pour s'assurer s'il ne découvrirait pas une caverne dans un des rochers qui bordent la rivière, ou quelque arbre creux ; mais, aussi loin que ses regards purent porter, il ne découvrit rien de semblable.

« Wilhelm, dit-il à son jeune fils après quelques instants de réflexion, tu grimpes habilement aux arbres ; prends cette hache, monte sur cet arbre et abats-en une grande quantité de branches. Nous en construirons une hutte dans laquelle nous mettrons assez d'herbes sèches pour y pouvoir dormir sans être incommodés de la fraîcheur du sol. Quant à vous, Marguerite et Anna, dit-il à ses filles, ramassez dans le voisinage de l'herbe et des feuilles sèches ; pour moi, je vais pendant ce temps défoncer la terre avec ma bêche, afin d'y pouvoir planter les branches que Wilhelm abattra. »

Malgré la lassitude dont ils étaient accablés, ils se hâtèrent d'exécuter les ordres de leur père. La nuit approchait, et il leur importait beaucoup d'avoir terminé leur travail avant que l'obscurité les surprît. Wilhelm avait beaucoup de peine à couper les branches de l'arbre sur lequel il était monté ; car le bois en était extrêmement dur et semblait émousser la hache. Il ne fallait pas s'en étonner, comme eux-mêmes le virent plus tard ; car l'arbre dont Wilhelm abattait les branches était un acajou, dont le bois, importé en Europe, est débité en lames très-minces et sert à la fabrication des plus précieux ouvrages d'ébénisterie, appelés ouvrages en plaqué.

Quand Wilhelm, dont le front était baigné de sueur, eut terminé son travail, il descendit pour aider à son père à construire la cabane de verdure, tandis que Marguerite et Anna apportaient de l'herbe sèche et l'étendaient dans la hutte qui commençait à s'élever.

Lorsque ce travail fut achevé, les forces des pauvres voyageurs étaient si épuisées, qu'ils oublièrent le besoin pour se livrer au sommeil. Ils s'étendirent sur l'herbe ; et au bout de peu d'instants, chacun d'eux dormit profondément.

Le vieux père seul n'avait pas voulu imiter l'exemple de ses enfants ; comme il savait que ces déserts sont peuplés d'animaux sauvages, il voulait veiller au salut des siens et les protéger contre toute attaque imprévue. C'est là l'image du véritable père de famille. Pendant que les siens goûtent le repos, il veille, et tous ses soins tendent à protéger leur sommeil.

Il se souvint d'avoir entendu dire que le feu éloigne les bêtes sauvages. Il se leva alors aussi doucement qu'il put, afin de n'éveiller personne, ramassa, à la clarté de la lune, des branches mortes et les mit en tas ; après avoir placé dessous quelque peu d'herbes sèches, il battit le briquet et mit le feu au bois. Bientôt il vit briller la flamme, dont la chaleur bienfaisante réchauffa ses membres engourdis ; car, dans ce pays, les nuits sont aussi glacées que les journées sont brûlantes, et, sur le bord des fleuves, l'air est d'une vivacité extrême.

Ce bon père passa la nuit à ramasser du bois, dont il ne manquait pas dans ces contrées inhabitées, afin d'entretenir le feu ; il s'assit à l'entrée de la hutte et veilla jusqu'au jour. A ses pieds ronflait Fuchs, le fidèle ami des voyageurs ; il les avait suivis au Brésil et leur donnait des marques constantes de son attachement. De temps à autre, il levait la tête, remuait la queue et léchait les mains de son vieux maître, comme s'il eût voulu dire : « Je veux veiller avec toi. »

« Que Dieu leur accorde un sommeil réparateur, et demain leur donne un doux réveil ! disait le bon vieillard en joignant les mains et en levant les yeux vers le ciel, parsemé d'étoiles scintillantes. Puisse aussi notre généreux Conrad, qui s'est si noblement dévoué pour nous, goûter un sommeil paisible, qui lui fasse oublier les fatigues du jour ! »

CHAPITRE XIII.

Conrad. — Le bon Noir.

Il est temps de revenir à Conrad, qui n'a pas reculé devant les horreurs de l'esclavage, la plus dure des conditions, pour procurer à sa famille un bonheur qui leur avait été refusé dans ces dernières années.

Aussitôt que l'inspecteur des jardins impériaux eut acheté Conrad, il l'emmena du marché et lui fit signe de le suivre. Il ne pouvait employer avec lui d'autre langage, puisqu'ils ne connaissaient pas la langue l'un de l'autre. Conrad le suivit en silence et dans le plus profond abattement.

Ce fut pour la première fois que ce noble

jeune homme sentit toute l'étendue de son infortune. Il ne pouvait plus aller où il voulait, faire ce qui lui plaisait ; il fallait qu'il se soumît aveuglément aux volontés d'un maître. Son temps tout entier appartenait à celui qui l'avait acheté ; les fruits qu'il faisait croître ne devaient être récoltés ni par lui, ni par les siens ; sa vie même était le jouet du caprice d'un de ses semblables.

O mes enfants ! remerciez Dieu d'être nés dans un pays où les droits de l'homme sont respectés, où il jouit de sa liberté, où les lois ne souffrent pas qu'on lui ravisse ce bien précieux, et que le frère (car nous sommes tous frères) vende son frère sur un marché comme une chose vénale. De quel bonheur ne jouit pas celui qui est maître de ses actions, qui récolte ce qu'il a semé et ne connaît d'autre frein que les lois qui garantissent son repos et effraient le malfaiteur qui ne songe qu'à nuire !

Conrad, le brave Conrad, était privé de ce bien précieux ; mais ses fers lui semblaient plus légers quand il pensait à la cause de son esclavage : les êtres chéris dont le bonheur l'avait sans cesse occupé étaient désormais à l'abri du besoin, sous un climat d'une douceur extrême, produisant presque sans peine les choses nécessaires à la vie. Ces réflexions rassuraient son âme et lui rendaient la servitude moins odieuse.

Quand il fut arrivé dans les jardins impériaux, plusieurs nègres accoururent à la voix de leur maître, qui leur dit en portugais quelques mots d'un ton dur et impérieux, et laissa Conrad avec eux.

« Toi être un allemand? lui dit un noir en mauvais allemand ; toi venir avec moi, petit blanc ; moi te montrer ta case et te donner un autre vêtement ; il est trop chaude, ton vêtement de laine. Viens, viens ! »

Conrad fut très-satisfait d'avoir trouvé quelqu'un avec qui il pût s'entretenir, quelqu'incorrect que fût le langage du pauvre noir. Il le suivit dans sa case. C'était une barraque en planches, sans porte, où il ne put entrer qu'en se baissant. Il n'y avait, dans cette case, ni chaise, ni table, ni banc, ni meubles ; les murs en étaient nus ; encore était-elle fort étroite ; car elle n'avait pas plus de huit pieds carrés. Dans un coin étaient jetées sur le sol quelques nattes de paille de riz. Mandango (c'est ainsi que s'appelait le nègre) lui dit que c'était là son lit, quoique ce mauvais coucher ne méritât pas ce nom.

Conrad soupira en voyant cette demeure de l'infortune. Il mit dans un coin le petit paquet qu'il apportait, s'assit sur sa natte et s'abandonna aux plus tristes pensées.

« Toi bien triste, pauvre blanc ! lui dit Mandango en le regardant avec intérêt. Mandango triste aussi quand li venir de son pays ; Mandango souvent bien triste quand li penser à son vieux père en Afrique. Toi pas faire voir que toi être triste : le maître prendre un grand fouet et battre toi bien fort. Mandango souvent être battu avec le fouet, et Mandango avoir rien fait. Le maître méchant ; pauvre noir beaucoup travailler, pas beaucoup manger. »

Les discours du bon noir attristaient Conrad plus encore. Il était dévoré de la soif la plus ardente et tourmenté par la faim ; car depuis longtemps il n'avait rien pris ; mais il n'apercevait rien pour satisfaire ce pressant besoin.

Il vit enfin dans une grande planche de beaux ananas ; ce fruit lui était connu, parce qu'il en avait lu la description et vu la figure. Comme il y en avait plusieurs centaines dans cette planche, il demanda à Mandango s'il en pouvait prendre un ; car il était exténué de besoin.

A cette question, le noir fit un signe d'effroi. « Toi pas manger ananas ! s'écria-t-il ; si toi prendre ananas, toi mourir. Le maître tuer avec le fouet le pauvre esclave qui prend ananas. Toi attendre le riz ; on donne le riz le matin, à midi et le soir. Le maître savoir combien de fruits dans le jardin. »

« M'est-il aussi défendu de boire ? lui demanda Conrad, je meurs de soif. Donne-moi un verre d'eau. »

« Toi boire de l'eau tant que tu veux ; Mandango t'apporter de l'eau, » lui répondit le bon nègre en s'éloignant à pas précipités. Au bout de quelques minutes il revint avec une grosse calebasse (espèce de gourde) et la présenta à Conrad, qui savoura l'eau fraîche et pure qu'elle contenait.

« Toi mettre autre habit, dit Mandango, et toi venir travailler; maître pas aimer paresseux. Petit blanc, venir travailler tout de suite. »

Conrad se déshabilla, prit, au lieu de ses vêtements, un pantalon et une blouse en toile de coton, et suivit son nouvel ami.

Son travail consistait à bêcher la terre, attacher les fleurs, palissader les arbustes, cueillir les fruits, nettoyer les marches du jardin et faire enfin tous les autres travaux de jardinage. On donna à Conrad une bêche, un rateau, une serpette et quelques autres instruments de culture; puis il se mit sur-le-champ à l'ouvrage.

Ces travaux n'eussent été pour lui ni pénibles ni fastidieux, car ils lui étaient familiers, s'il n'avait toujours eu sous les yeux leur farouche inspecteur, nègre à figure diabolique, qui ne quittait pas le jardin, et à chaque instant distribuait des coups de fouet à droite et à gauche, toutes les fois qu'il croyait qu'un esclave ralentissait son travail. Souvent il n'atteignait pas le coupable, mais son voisin; et celui-ci ne devait pas bouger, ne pas trahir ses souffrances par un geste, sans quoi il était traité de la manière la plus cruelle.

Oui, mes enfants, c'est ainsi que les hommes traitent leur frère ! voilà les souffrances auxquelles sont condamnés les pauvres esclaves ! Vous frémissez, j'en suis sûr, en lisant ces lignes; des larmes s'échappent de vos yeux. Je pourrais vous dévoiler des horreurs plus effrayantes encore, si je ne craignais pas de vous déchirer le cœur. Priez avec moi pour que les gouvernements de l'Europe mettent fin à cet horrible commerce d'hommes. Les souverains ont déjà beaucoup fait sous ce rapport; car la traite des noirs est défendue en Europe sous des peines très-sévères; les navires qui se livrent à ce trafic infâme sont poursuivis et frappés de peines rigoureuses. Le Danemarck a été le premier à faire des démarches pour mettre un terme à ces horreurs; mais ces mesures ne sont pas encore suffisantes pour prévenir tout le mal ; car chaque année on transporte d'Afrique en Amérique plusieurs milliers d'esclaves pour y être traités aussi durement, peut-être plus encore, que je viens de vous le représenter.

Jeunes gens, qui un jour deviendrez hommes, accoutumez-vous à voir avec compassion les infortunes qui pèsent sur cette partie de nos frères, et si jamais le sort vous élève à la puissance, contribuez de tous vos efforts à rendre leur condition moins dure et à faire cesser ces horribles coutumes. Celui qui veut avec constance peut beaucoup ; ayez toujours cet axiôme devant les yeux, et ne vous laissez rebuter par aucune difficulté.

Après cette courte digression, que vous me pardonnerez sans doute, nous allons revenir à notre brave Conrad et voir quel a été son sort.

Quand le soir fut arrivé, on entendit retentir une cloche, et, à un signal, tous les esclaves quittèrent leurs outils. Ils allèrent à leur case chercher une écuelle faite avec une calebasse et se rendirent en toute hâte vers une maison construite à l'entrée du jardin, où le sous-inspecteur leur distribua du riz cuit dans l'eau, leur unique nourriture. Conrad n'avait pas d'écuelle, et personne ne pensait à lui en donner une. Il voyait avec un sentiment de tristesse, qu'augmentait le besoin, ses compagnons d'esclavage revenir de la distribution et, en retournant à leur case, dévorer leur souper avec avidité; car la portion qui leur était dévolue ne suffisait jamais pour satisfaire leur faim; aussi attendaient-ils avec impatience l'heure d'une nouvelle distribution.

Le bon Mandango s'aperçut que Conrad regardait tristement ses camarades faire leur repas; il lui dit : « Toi blanc, pas faim, pas manger riz? »

« J'en mangerais volontiers si j'en avais, répondit Conrad; car j'ai grand'faim; mais personne ne m'en donne. »

« Toi aller à la grande case avec ta calebasse, ou bien pas de riz. »

« Je n'ai pas de calebasse, bon Mandango. »

« Ah! ah! toi pas calebasse! Mandango manger vite et te donner calebasse, » répondit le bon nègre. En effet, il se hâta de manger son riz et donna sa calebasse vide à Conrad, qui reçut aussi sa part.

Le lendemain, au lever du soleil, les esclaves furent réveillés par le son de la cloche; on leur donna leur déjeuner, qui, comme le souper de la veille, se composait uniquement de riz cuit dans l'eau. Si le bon Mandango n'avait pas été là, Conrad n'aurait rien eu; car personne ne s'inquiétait des besoins des esclaves, et celui qui ne présentait pas sa calebasse n'avait pas à manger.

Conrad avait encore quelque peu d'argent dans sa poche, et, lorsque le dimanche fut arrivé, comme les esclaves ne travaillaient pas de la journée, il profita de la permission de sortie qui lui fut donnée, pour acheter une calebasse.

CHAPITRE XIV.

Les Habitants du Gigitonhonha.

Nous avons laissé le bon père Riemann veillant à la sécurité de ses enfants pendant leur sommeil. Quand le jour commença à poindre, il cessa d'entretenir le feu, qui était devenu inutile, et se livra au repos. Le soleil éclairait depuis plusieurs heures les rives enchanteresses du Gigitônhonha, quand nos amis se réveillèrent ; ils avaient essuyé une si violente fatigue, leur âme avait été si profondément brisée par la douleur, qu'ils avaient besoin d'un long repos pour réparer leurs forces.

Leur premier soin, à leur réveil, fut de

remercier le Seigneur de ses bontés ; ils commencèrent ensuite à travailler à la construction d'une cabane qui les mît à l'abri de l'intempérie des saisons et de la férocité des animaux sauvages.

Le père Riemann et Wilhelm abattirent plusieurs arbres, les dépouillèrent de leur écorce et les plantèrent profondément en terre, après en avoir aminci l'extrémité inférieure avec la hache. L'endroit qu'ils choisirent pour la construction de leur cabane était au bord du fleuve, auprès d'un petit bois de cocotiers. Comme ils manquaient de pierre et de plâtre, il leur fut impossible de faire d'épaisses murailles; mais ils la formèrent de claies d'un tissu très-serré et mirent dans toutes les fentes de la terre pétrie avec de la mousse. Des feuilles de bananier leur servirent à couvrir le toit de leur cabane, et, malgré la légèreté de cette couverture, ils furent parfaitement abrités contre la pluie même la plus violente.

Wilhelm et son père travaillèrent seuls à la construction de la cabane; les femmes étaient trop faibles pour leur être d'un grand secours dans cette opération ; cependant elles ne demeurèrent pas oisives : elles tracèrent autour de la maison un vaste carré destiné à devenir le jardin, l'entourèrent d'une haie pour empêcher les animaux nuisibles d'y entrer. Elles bêchèrent le sol, qui leur offrit peu de résistance, car il était léger et sablonneux, le divisèrent en planches dans lesquelles elles semèrent du blé de Turquie, du chanvre, du tabac et d'autres plantes dont leur père avait acheté des semences à Rio-Janeiro. Un grand carré fut planté en pommes de terre, et la partie la plus humide du jardin, qu'arrosait un petit ruisseau, fut consacrée à la culture du riz, qui ne croît que dans les lieux humides.

La terre du Brésil est si fertile et le climat si favorable à la végétation, qu'au bout de peu de jours les semences qu'elles avaient confiées à la terre commencèrent à germer. Les plantes qui, en Europe, occupent le sol pendant plusieurs mois, mûrissent dans ce pays en quelques semaines, et les produits en sont d'une saveur exquise. Anna avait trouvé quelques graines de melons que par hasard ils avaient apportées d'Europe ; elle les sema, et, au bout de trois semaines, les fruits commençaient à se former. Le père Riemann, qui, malgré sa rusticité, avait beaucoup de bon sens, faisait admirer à ses enfants les ressources d'un pays où le sol produit sans culture, et trouvait dans cette même fertilité la cause de l'état d'indigence où vivent les habitants. « L'abondance et par conséquent le bas prix des choses nécessaires à la vie, leur disait-il, sont la cause de l'oisiveté des Brésiliens ; ils n'ont pas besoin d'arracher péniblement à la terre la nourriture de chaque jour ; elle la produit d'elle-même ; aussi ne s'inquiètent-ils pas, comme nous, du lendemain ; car ils sont toujours sûrs de vivre, tandis qu'en Europe l'oisiveté est suivie de la misère, et celle-ci amène une fin honteuse et méprisable. »

Au bout de peu de jours, la cabane fut assez close pour leur offrir un abri. Comme ils ne manquaient pas d'outils, le travail avançait rapidement. Pendant la construction du toit, il leur arriva un petit événement qui affligea beaucoup toute la famille, qui ne pensait pas qu'il pût lui être possible de le réparer. Marguerite avait eu soin de se munir de vaisseaux de terre pour préparer leurs aliments. Afin de les préserver de tout accident, elle les avait mis à une certaine distance de la cabane. Mais le malheur voulut que Wilhelm, en chargeant sur ses épaules une pièce de bois destinée à construire le toit, la laissât tomber sur la pauvre batterie de cuisine de la famille et la mît en pièces.

Marguerite était inconsolable de cette perte. Elle regardait les larmes aux yeux les débris de ses chers ustensiles de cuisine. « Comment allons-nous faire cuire nos aliments ? s'écria-t-elle. Je ne sais pas comment il nous sera possible de nous procurer d'autres vases de terre ! »

« Le mal est grand, ma chère fille, lui répondit le père, qui était accouru à ses cris ; mais tu dois te consoler en pensant qu'il aurait pu être plus grand encore. Si Wilhelm avait laissé tomber cette poutre sur ta sœur ou sur toi, il vous aurait grièvement blessées, et c'est alors que tu aurais pu te plaindre ; mais quelques misérables vaisseaux de terre ne méritent pas tant de regrets. Remercions plutôt Dieu de ce qu'il a permis que rien de fâcheux ne soit arrivé à l'un ou à l'autre de nous. Que veux-tu, ma chère Marguerite ? nous ferons comme nous pourrons. »

En disant ces mots, le pieux Riemann, préparé à toutes les vicissitudes, retourna à son travail. Ce sage vieillard trouvait inutile et même coupable de s'affliger éternellement sur des événements qui ne pouvaient être réparés. Il avait bien raison ; car ce calme imperturbable et cette résignation inébranlable forment la véritable philosophie.

Malgré les consolations de son père, Marguerite regrettait toujours ses poteries et examinait chaque débris pour s'assurer qu'aucun d'eux ne pût plus servir. Wilhelm était très-fâché de l'accident dont il était l'auteur. « Tranquillise-toi, ma chère Marguerite, lui disait-il ; je vais chercher dans les environs jusqu'à ce que j'aie découvert quelque banc d'argile ; et comme j'ai plus d'une fois aidé dans son travail notre voisin le potier, et que je connais un peu la fabrication des pots de terre, je te ferai autant de pots et de marmites que tu en voudras. »

Wilhelm tint parole; car, peu de jours après l'achèvement de la cabane, il sonda la terre en plusieurs endroits et découvrit un banc d'argile à potier. Cette découverte le transporta de joie; il se hâta de retourner vers sa famille pour lui faire part de cette bonne nouvelle.

« J'ai trouvé un banc d'argile rouge, de belle argile à potier; par conséquent, ma chère sœur, tu ne dois plus regretter tes pots, je vais t'en faire de toutes sortes. »

Il prit aussitôt un panier, l'emplit d'argile, et, après en avoir ôté tous les corps étrangers, comme les cailloux, le sable, etc., il la mêla avec de l'eau, la pétrit pendant quelque temps, pour rendre la terre plus liante, et en fit plusieurs vases de cuisine.

Quand tous ses vases furent faits, il les laissa sécher au soleil, et, pendant qu'ils séchaient, il construisit avec la même argile un four qu'il chauffa fortement. Il y mit cuire ses pots pendant une journée tout entière. Dans cette opération, plus d'un pot éclata; car le proverbe : *Qui est apprenti n'est pas maître*, n'est pas faux; mais cela ne le découragea pas; il en fit d'autres et réussit mieux qu'aux premiers. Marguerite était au comble de la joie et ne pouvait se lasser de lui faire compliment de son habileté.

« Vois-tu, lui disait le père Riemann, ce qui dans le principe nous a paru un grand malheur est devenu pour nous une bonne fortune. Si Wilhelm n'avait pas cassé tes pots, il n'aurait pas cherché d'argile, et tu comprends maintenant de quelle ressource cette découverte sera pour notre petit ménage. »

« Il est vrai, répondit Marguerite, tout ce que Dieu fait est bien fait, et je reconnais encore dans cette circonstance que jamais il ne permet qu'un événement arrive sans le faire devenir la cause d'un bonheur inespéré. Béni soit son saint nom ! »

CHAPITRE XV.

Le Veau et les Melons.

Bientot nos colons ne manquèrent pas de légumes, de fruits et en général des choses les plus nécessaires à la vie de l'homme ; car ce sol fertile, cultivé par des mains habiles, rendait cent pour un. Malgré l'espèce d'abondance au milieu de laquelle ils se trouvaient, ils éprouvaient encore des privations. Ils n'avaient pas de viande, aliment si précieux pour réparer les forces de l'homme qui se livre aux rudes travaux des champs. Comme ils n'avaient pas d'armes à feu, il leur était impossible de se procurer quelques pièces du gibier qui peuplait par milliers les forêts dont ils étaient entourés.

Wilhelm et Riemann avaient, dans leurs excursions, aperçu plus d'une fois des vaches et des taureaux errants dans les immenses savanes qui bordent le fleuve; mais jamais ils n'avaient pu atteindre un seul de ces animaux, qui se hâtaient de gagner la forêt dès qu'on se dirigeait de leur côté.

Un matin que Wilhelm passait devant la fosse d'où il tirait son argile, qui avait déjà atteint une certaine profondeur, il entendit sortir un mugissement. Plein de surprise, il y regarda et vit un veau qui y était tombé pendant la nuit, et qui n'avait pu en sortir, parce qu'il s'était cassé une patte. Comme il avait eu le soin de pratiquer dans un coin de sa fosse une sorte d'escalier ou de pente rapide, pour y descendre facilement, il alla chercher le veau, le chargea sur ses épaules et regagna la maison en toute hâte. Il déposa le veau au milieu de la chambre, à la grande surprise de toute la famille, qui apprit avec joie comment cet animal était tombé entre ses mains.

« Bénie soit la fosse! s'écria Wilhelm avec

joie ; c'est à elle que nous devons de posséder un veau. »

« Rends plutôt grâces à ta maladresse, lui répondit son père en souriant ; c'est aux pots cassés que nous devons une foule de vases utiles, un four pour cuire notre pain, et aujourd'hui un veau dont la chair nous régalera d'autant mieux que voilà longtemps que nous n'avons mangé de viande. »

« Notre sel tire à sa fin, dit Marguerite ; il faut tâcher de vous en procurer d'autre ; car la viande sans sel est un aliment bien fade. »

« J'y ai déjà songé, lui répondit son père, et je vois avec joie que sous ce rapport je suis tout-à-fait hors d'inquiétude. Maintenant que nous avons quelque chose à porter au marché, nous pourrons faire quelques achats avec l'argent que nous tirerons de nos denrées. Nous allons tuer ce veau, qui est trop jeune pour que nous puissions espérer de le garder, et, après avoir conservé une partie de sa chair, nous irons vendre le reste à Tejucco (c'est ainsi que s'appelait la ville la plus proche de leur demeure), sur la brouette que nous avons faite. Cette ville est à quatorze lieues d'ici ; mais j'ai assez bien remarqué le chemin qui y conduit pour pouvoir le retrouver au besoin. Avec l'argent que nous retirerons de ce veau, nous achèterons du sel et les autres choses dont nous commençons à manquer. »

Ce projet reçut l'approbation générale, et l'on s'occupa sur-le-champ de son exécution. Le veau fut tué ; Marguerite en prépara un excellent rôti, qui fit grand plaisir à toute la famille, et, le lendemain matin, Riemann et Wilhelm se mirent en route. Le fidèle Fuchs fut de la partie.

« Arrêtez ! arrêtez ! » entendirent-ils crier quelques instants après leur départ. Ils se retournèrent et virent Anna qui accourait à toutes jambes en tenant son tablier.

« Je vous apporte quelques-uns de mes melons, leur dit-elle ; peut-être pourrez-vous en tirer aussi de l'argent. » Les melons furent mis sur la brouette, dont ils n'augmentèrent pas beaucoup la pesanteur, et nos voyageurs continuèrent leur route.

CHAPITRE XVI.

Une Rencontre.

WILHELM et son père suivirent le Gigitonhonha, sur les bords duquel est bâti Tejucco. Ils marchèrent tout le jour, et la nuit les surprit sans qu'ils y fussent arrivés. La lune était dans son plein, le ciel pur, et ainsi ils pouvaient poursuivre leur route sans danger de s'égarer, puisqu'ils ne s'éloignaient pas du fleuve.

Le soleil commençait à s'élever au-dessus de l'horizon, lorsqu'ils aperçurent les monuments les plus élevés de la ville, qui était encore à une lieue d'eux. La fraîcheur de la nuit avait empêché que le voyage ne les eût fatigués ; aussi continuèrent-ils rapidement leur chemin, en poussant alternativement la brouette.

Lorsqu'ils entrèrent dans Tejucco, tout le monde était déjà levé ; car, dans ces climats brûlants, les heures consacrées au travail sont le matin et le soir, parce que, au milieu du jour, la chaleur est trop forte pour qu'on puisse se livrer à la moindre occupation. De midi à cinq heures, chacun se repose.

Nos voyageurs se rendirent aussitôt sur le marché, où un grand nombre de campagnards étaient déjà arrivés. Il ne tarda pas à se présenter un acheteur ; mais, comme ils ne savaient pas un mot de portugais, ils étaient fort embarrassés de conclure leur marché. Le hasard les servit : il passa près d'eux un soldat allemand au service du Brésil ; il leur offrit de venir à leur secours ; ce qu'ils acceptèrent avec joie ; car, lorsqu'on est éloigné de sa patrie, on aime à rencontrer de ses compatriotes et l'on semble plus disposé à s'entr'aider que dans son pays même.

Claus (c'est ainsi que se nommait le soldat), qui parlait parfaitement portugais, conclut pour eux le marché du veau et des melons, pour lesquels ils reçurent environ une piastre. Il leur offrit alors de les conduire dans une boutique où ils pourraient acheter le sel qu'ils voulaient remporter.

Il était naturel qu'entre compatriotes ils se questionnassent mutuellement sur les circonstances qui les faisaient se rencontrer à plusieurs milliers de lieues de leur patrie. Quand Claus apprit que nos amis avaient obtenu du gouvernement la permission de s'établir sur les bords du Gigitonhonha, il les félicita de leur bonheur; il connaissait parfaitement ces contrées, qu'il avait parcourues dans ses expéditions et qu'il savait être d'une grande fertilité. Il leur dit que, quand il aurait son congé, il demanderait au gouvernement un coin de terre pour s'y établir; car il était né agriculteur et ne connaissait aucun état plus heureux et plus honorable.

« Dans six mois je serai libre, leur dit-il, et, si le sort me favorise, j'irai me fixer dans votre voisinage, où je me bâtirai une cabane pour y vivre en paix. »

« Pourquoi ne demandez-vous pas sur-le-champ des terres au gouvernement ? lui demanda Riemann ; puisque vous aimez l'agriculture, la vie de soldat doit vous être à charge. Quant à moi, je n'eusse jamais voulu changer la charrue pour le sabre, et mes fils sont du même sentiment. »

« Vous avez d'autres fils que celui-ci ? » lui demanda Claus en montrant Wilhelm.

« Hélas ! oui, répondit Riemann en poussant un soupir. Il s'est sacrifié pour nous. » Il raconta alors au soldat ce que Conrad avait fait pour sauver sa famille. Le récit du vieillard fut souvent interrompu par des pleurs.

« C'est un brave jeune homme, lui dit Claus en essuyant une larme ; Dieu le bénira. Pour répondre à votre question, lui dit-il, je dois vous dire que je suis arrivé ici sans un sou, et je me suis vu forcé de m'engager pour échapper à la misère ; car celui qui vient au Brésil sans argent, sans meubles et sans instruments aratoires, doit se préparer à périr de misère. Depuis huit années je sers dans les armées brésiliennes, et, grâce à Dieu, j'aurai mon congé dans six mois. J'ai mis de côté quelque peu d'argent provenant de ma solde, et j'espère pouvoir m'établir sans crainte. Au reste, je réclamerai votre assistance. »

« De tout mon cœur, pays, » lui répondit Riemann en lui tendant la main. Ils se séparèrent bons amis.

La chaleur commençait à devenir insupportable. Wilhelm et son père, qui étaient sortis de la ville après y avoir fait un léger repas, cherchèrent un endroit ombragé pour s'y reposer. Ils trouvèrent un bouquet d'arbres dont le vaste et épais branchage formait un abri impénétrable, et se couchèrent dessous. Tous deux avaient grand besoin de repos. Le but de leur voyage était accompli, leur conscience était pure, ils pouvaient sans crainte se livrer au sommeil.

CHAPITRE XVII.

Le Nid de Perroquets.

MARGUERITE et Anna, trouvant que nos voyageurs tardaient beaucoup à revenir, allèrent à leur rencontre en suivant les bords du fleuve. Elles craignaient qu'il ne leur fût arrivé quelque malheur ou qu'ils se fussent égarés dans ces vastes solitudes; mais elles furent bientôt hors d'inquiétude en voyant accourir à eux le bon Fuchs, qui leur fit mille caresses.

« Papa et Wilhelm ne sont sans doute pas loin, dit Anna; avançons toujours. » Au bout de quelques instants, elles les virent paraître; un rocher les avait jusque-là dérobés à leur vue.

Ils se firent autant d'amitiés que s'ils ne s'étaient pas vus depuis plusieurs années. « Comment vous êtes-vous portés pendant notre absence ? Avez-vous eu peur des bêtes sauvages ? Avez-vous vendu vos denrées ? M'apportez-vous du sel ? » Telles furent les questions qui se succédaient avec rapidité, sans presque attendre la réponse. Marguerite prit la brouette des mains de Wilhelm, afin qu'il se reposât un peu ; mais celui-ci se hâta d'en ôter sa casquette, qui était à côté du sel, et s'avança vers Anna en soulevant à demi l'herbe sèche qui couvrait ce qu'elle contenait.

« Anna, je t'apporte quelque chose qui te fera grand plaisir. Dans tes heures de loisir, je suis sûr que tu seras contente de l'avoir. »

« Qu'est-ce que c'est ? » demanda Anna avec curiosité en cherchant à enlever l'herbe pour voir ce que son frère avait apporté.

« Non pas, non pas, lui dit Wilhelm en levant sa casquette au-dessus de sa tête. Devine ce que c'est ? »

« Comment veux-tu que je devine ? C'est

peut-être encore quelque nid de mulot, comme tu l'as fait une fois, alors que nous demeurions en Allemagne. Ne me fais pas languir; dis-moi ce que tu m'apportes. »

« Ce que je t'apporte n'est pas aussi laid que tes mulots; au contraire, c'est quelque chose de bien joli. Mais il faut que tu devines comment cela s'appelle. »

« Eh bien! c'est un nid; car je vois quelque chose de vivant dedans, et, qui plus est, j'entends gratter : ce sont des moineaux. »

« Non, tu n'y es pas; je n'ai vu dans ce pays aucun de ces intrépides voleurs de cerises; mais tu brûles, continue, ne perds pas patience. »

« Ce sont des alouettes ou des rossignols. Il y a bien longtemps que j'ai envie d'avoir des alouettes. »

« Bah! des alouettes! Es-tu folle? Je n'en ai pas encore vu ici. Allons, je vois que tu ne devineras jamais; je ne veux pas te tourmenter plus longtemps. Tiens, regarde, je t'apporte un nid tout entier de perroquets, les plus jolis que tu aies vus de ta vie. Ils ont déjà des plumes et mangent presque seuls. Tu n'auras besoin de leur donner du riz cuit à l'eau que pendant quelques jours seulement ; tu pourras alors les abandonner à eux-mêmes. J'espère que nous les élèverons, si tu en as bien soin. »

« O mon bon petit frère ! je te remercie ; tu es bien gentil d'avoir pensé à moi ! s'écria Anna avec joie. Un nid de perroquets ! de ces beaux oiseaux verts et rouges ! Il y en a bien dans ce nid pour 100 thalers (400 francs). N'est-ce pas, si nous étions en Allemagne, nous les vendrions au moins cela ? Je te promets d'en avoir bien soin, et puis je les apprivoiserai ; ils seront si privés, si privés, qu'on n'aura pas besoin de les tenir en cage. O mes chers petits perroquets ! je vous aimerai bien, et je vous apprendrai à dire chaque matin : Bonjour, Anna ; bonjour, papa Riemann. »

Nos voyageurs arrivèrent dans leur habitation ; ils avaient besoin de repos. Ils éprouvèrent un sentiment de bonheur indicible en se retrouvant dans une chaumière bâtie de leurs mains, entourés d'aisances qu'ils ne devaient qu'à leur travail. Ils trouvèrent délectable le repas que leur avait préparé Marguerite. Eux seuls encore en avaient fait les frais. Ils avaient cultivé le sol qui produisait ces excellentes pommes de terre, qui leur rappelaient leur patrie. C'étaient eux qui avaient changé cette solitude en un jardin régulier et productif ; c'était à leur industrie qu'ils devaient cet abri qui les défendait contre les attaques des animaux nuisibles et contre l'intempérie des saisons.

« O mon bien-aimé Conrad ! dit tout bas le père Riemann en soupirant, que n'es-tu libre et près de nous ! Ta présence me comblerait de joie ; je n'aurais plus de vœux à former. » Riemann, ce bon père, ne parlait jamais de Conrad à ses enfants. Il craignait de les attrister et de troubler la douce quiétude dont ils jouissaient au milieu de leurs pénibles travaux.

CHAPITRE XVIII.

Les Perroquets. — Le Canot. — Un nouveau Voyage à Tejucco.

Depuis le retour de son frère, Anna avait fort à faire avec ses perroquets. Wilhelm avait construit pour eux une cage spacieuse avec des branches flexibles, et ces petits animaux s'y trouvaient aussi bien que dans leur nid. Au bout de quelques jours ils n'eurent plus peur d'Anna quand elle leur apportait le riz qu'elle avait soigneusement préparé pour eux. Ils commençaient même à lui manger dans la main et poussaient un cri de joie quand ils la voyaient paraître. Cette innocente occupation charmait les loisirs de la pauvre Anna, et son père voyait avec plaisir qu'elle eût trouvé une récréation ; car ce qu'il redoutait par-dessus tout dans cette solitude dont ils étaient les seuls habitants, c'était l'ennui, qui empoisonne tous les instants de la vie.

Un nouveau commensal, tout aussi bien accueilli que les perroquets, vint augmenter le personnel de la maison. Wilhelm, toujours attentif à ce qui pourrait plaire à sa sœur, rentra un jour le visage rayonnant de joie et lui annonça qu'il était tombé dans sa fosse à argile un jeune faon appartenant à l'espèce des cerfs dont ils voyaient des troupeaux entiers traverser les savanes.

« Ce qu'il y a de mieux, c'est que nous aurons à la fois la mère et le petit ; car j'ai vu cette pauvre biche regarder tristement dans la fosse. Mon approche ne la fit reculer que de quelques pas. Elle me regardait d'un air qui semblait dire : Rends-moi mon petit. Je parie qu'elle nous suivra si nous apportons son petit ici. Nous n'aurons qu'à l'attacher fortement à un arbre, et nous sommes sûrs que la biche viendra l'allaiter ; de cette manière nous le conserverons. »

« Allons vite le chercher, ce cher petit, » s'écria Anna en courant à toutes jambes vers la fosse, sans écouter son frère qui lui criait : « Attends-moi donc, Anna ; il n'est pas besoin de courir si fort ; nous sommes certains qu'il ne pourra pas sortir seul. » Quand Wilhelm eut rejoint sa sœur, tous deux descendirent dans la fosse et en tirèrent le faon. Tout se passa comme Wilhelm l'avait prévu : la biche, inquiète de son petit, les suivait à quelques pas de distance, et, quand Wilhelm eut attaché le faon à un jeune cocotier et se fut éloigné, elle approcha, quoiqu'en tremblant, pour donner à teter à son petit.

Ce n'était pas le tout d'avoir un faon, il fallait le garantir des injures du temps et de la voracité des bêtes carnassières. Wilhelm, aidé de son père, qui se prêtait avec une complaisance admirable aux jeux de ses enfants, contruisit une petite étable, bien rustique, il est vrai, mais qui répondait parfaitement à son but.

Aussitôt après que l'étable fut terminée, Anna y porta de la litière et de l'herbe fraîche. Chaque soir elle conduisait le faon dans sa nouvelle demeure et l'y attachait. Comme ils l'avaient espéré, la biche s'approcha d'abord de l'étable où était attaché son petit ; elle finit par y entrer, et, quand Wilhelm la vit dedans, comme il l'épiait chaque jour, il ferma la porte de l'étable, et tous deux furent en son pouvoir.

Marguerite, qui n'avait jusqu'alors attaché que peu d'importance à la possession du faon, en conçut une tout autre opinion quand elle vit la mère dans l'étable. Elle se voyait déjà chaque matin obligée de traire la biche, et elle se réjouissait d'avoir du lait, dont elle regrettait depuis longtemps la privation.

On eut dans le principe beaucoup de peine à traire la biche, qui voulait frapper de la tête et du pied. Wilhelm y perdit plus d'un pot et Marguerite plus d'une pinte de lait ; car c'était souvent à l'instant où le pot était plein, que la biche mettait le pied dedans. Enfin, à force de patience, on vint à bout de l'apprivoiser, et ce fut alors qu'on sentit tout le prix de cette heureuse capture.

La pêche contribuait encore beaucoup à rendre agréable la vie de nos colons. Le

Gigitonhonha est très-poissonneux, et Marguerite s'entendait parfaitement à la fabrication du filet. Elle avait fait deux grands filets carrés avec lesquels on prenait chaque jour plus de poisson qu'il n'en fallait pour la consommation de la famille. Wilhelm avait trouvé dans leur bagage trois vieux hameçons qui lui semblèrent une fortune. Il les monta sur du fil tiré de l'écorce intérieure du palmier, qui a beaucoup de solidité, et cette ligne, tout imparfaite qu'elle était, lui servait à prendre une foule de petits poissons d'un goût très-délicat, et qui auraient passé à travers les mailles du filet. Ce jeune garçon, né observateur, avait acquis une foule de petits talents pratiques, qui lui devinrent très-utiles dans leur nouvelle patrie.

La pêche fit naturellement naître le désir d'avoir un canot, et le père Riemann ne se fit pas longtemps prier pour mettre la main à l'œuvre. Wilhelm et son père abattirent avec peine un gros arbre, le dépouillèrent de son écorce et le creusèrent. Ils employèrent à ce travail un mois entier; car le bois était dur et résistait aux efforts de la hache et du ciseau. Ce qui les encourageait dans leur travail, c'était l'idée de posséder un canot solide et durable. Enfin, après bien des fatigues, le canot fut lancé du chantier; ce qui causa une vive joie à toute la famille. Ils n'avaient plus besoin de faire à pied et péniblement le chemin de Tejucco; quand on aurait quelque chose à y vendre, ils s'embarqueraient sur le Gigitonhonha, qui les transporterait doucement et sans fatigue jusqu'à la ville. Bientôt l'opportunité d'un second voyage se fit sentir. Anna avait des melons mûrs, Marguerite plus de pommes de terre que n'en pouvait consommer la famille. Cette fois, nos deux voyageurs partirent sans crainte.

On comptait beaucoup sur le produit de ces denrées pour se procurer certaines choses dont la privation se faisait sentir. Ils manquaient de clous, si nécessaires dans la plupart de leurs travaux de construction; ils avaient employé pour la chaloupe tout ce qui leur restait; aussi résolurent-ils d'en acheter dès qu'ils auraient vendu leurs denrées. Ils comptaient aussi beaucoup sur l'assistance de Claus, qu'ils savaient alors où trouver.

Ils arrivèrent sans dangers et sans fatigues à Tejucco, et ne furent pas longtemps à chercher leur compatriote. Claus fut enchanté de les revoir et fut à leur égard aussi officieux que la première fois. Les denrées furent vendues avec facilité, et ils en employèrent le produit à faire leurs emplettes.

« Dans deux mois je serai libre, leur dit Claus ; alors j'irai vous rejoindre, et nous ne nous séparerons plus. Mes chefs, satisfaits de ma bonne conduite, m'ont offert une place d'inspecteur à la Mandanga ; mais je les ai refusés ; car je ne pourrais voir sans émotion maltraiter les pauvres noirs qu'on occupe à arracher de la terre des pierres précieuses dont l'unique objet est de flatter la vanité des riches et des grands. »

« Qu'est-ce que c'est que la Mandanga ? » lui demanda Wilhelm.

« Comment ! vous n'avez pas encore entendu parler des mines de diamants qui se trouvent dans le district que vous habitez ? La plus grande de ces mines s'appelle la Mandanga. Mille esclaves noirs y sont employés. Ils sont dépouillés de tous leurs vêtements ; et on les fait fouiller la terre, qui renferme dans son sein une quantité considérable de diamants. Quand ils en ont trouvé un, ils le ramassent et l'élèvent au-dessus de leur tête jusqu'à ce que l'inspecteur vienne le leur prendre. On ne les fait travailler nus que pour éviter qu'ils puissent cacher quelques diamants dans leurs vêtements. Le moindre mouvement équivoque soit vers la bouche, soit vers la tête, fait supposer à leurs impitoyables gardiens l'intention de dérober un diamant, et cette faute est punie avec l'inhumanité la plus révoltante. Si l'un de ces malheureux cède au désir de s'approprier une pierre précieuse et qu'il soit découvert, ce qui a presque toujours lieu, il périt dans les supplices les plus affreux. On voit beaucoup de ces infortunés risquer de cette manière une vie qui leur est à charge, pour cacher un de ces misérables cailloux, qu'ils vendent à vil prix dans les villes. »

« Vous appelez les diamants des cailloux ! lui demanda Wilhelm avec étonnement ; vous voulez sûrement plaisanter ? »

« Pas du tout, lui répondit Claus : j'ai toujours ouï dire que les diamants ne sont autre chose qu'une espèce particulière de cailloux. J'en ai souvent entendu parler ici, et jamais autrement. »

Tout en conversant, nos trois amis étaient arrivés au bord du fleuve ; Riemann et son fils sautèrent gaîment dans leur canot et s'éloignèrent après avoir dit un dernier adieu à Claus, qui les suivait avidement des yeux.

CHAPITRE XIX.

Le Diamant. — La Tentation.

Les deux mois annoncés par Claus pour sa libération étaient écoulés, et nos émigrants attendaient, avec une impatience bien naturelle à des gens qui vivaient dans l'isolement, l'arrivée de cet homme, qui avait si promptement acquis leur estime et qui était destiné à devenir un des membres de leur famille, ainsi qu'ils en étaient convenus avec Riemann dans leur dernière entrevue.

« Que ne puis-je de la sorte attendre mon pauvre Conrad ! » se disait le père Riemann. Toute la famille faisait la même réflexion en attendant l'étranger.

Ils avaient passé le plus mauvais temps ; tout réussissait au-delà de leur attente ; ils possédaient en abondance les choses nécessaires à la vie ; mais leur joie était empoisonnée par le souvenir de leur pauvre frère, qui gémissait dans l'esclavage. Combien de temps encore devait-il porter les chaînes ? quand auraient-ils complété la somme nécessaire pour le racheter ?

Enfin, Claus arriva. Il avait sans peine trouvé leur demeure ; car il avait plus d'une fois parcouru ces immenses déserts. Son visage brillait de joie lorsqu'il aperçut leur charmante chaumière, leur jardin, cultivé avec un tel soin, qu'on n'y voyait pas une mauvaise herbe, et la petite étable. Ceux qui avaient, à force de travail et d'industrie, converti ce désert en un lieu habitable, ne pouvaient manquer d'être des gens laborieux.

Aussitôt après les compliments d'usage, Claus tira le père Riemann à part et lui dit, en lui pressant la main : « Réjouissez-vous, mon brave Riemann ; votre fils est sauvé, bientôt il sera dans vos bras. »

« Comment ! s'écria Riemann, mon cher Conrad ! Serait-il possible ? Ne me flattez-vous pas d'une trompeuse espérance ? »

« Non, non, je ne vous trompe pas, lui répondit Claus en tirant de son sein un papier qui renfermait quelque chose. Voyez, la fortune m'a singulièrement favorisé avant de quitter le service. J'avais fait à Tejucco connaissance d'un des malheureux noirs qui travaillent dans la mine de diamants ; je lui rendis quelques petits services, qui allégèrent sa position ; car le pauvre diable était un fort bon garçon. La veille de mon départ, après sa journée, il vint me trouver et m'offrit le diamant que voici, en me disant qu'il voulait me le vendre fort peu de chose ; qu'après avoir risqué sa vie pour le cacher dans sa bouche, il avait profité d'un moment favorable pour le mettre sous son aisselle, et qu'il était heureusement parvenu à le soustraire à l'œil vigilant de ses gardiens. Il aurait bien pu le vendre à ceux qui font ce métier et qui lui en auraient, sans nul doute, donné beaucoup plus que moi ; car, d'après mon estimation, il vaut plusieurs milliers de piastres. Je lui donnai ce que j'avais mis de côté de ma solde pendant toute la durée de mon service, et je lui promis de lui donner encore quelque chose, si je trouvais à m'en défaire avantageusement. Quand je fis ce marché, je vous jure que je ne pensais nullement à moi, mais à vous, que j'estime comme mon propre père, et à votre brave fils, qui languit dans l'esclavage. Prenez ce diamant, tâchez de le vendre un prix avantageux et employez-en le produit à racheter Conrad; je vous demande, pour toute récompense, la faveur d'être regardé par vous comme votre fils et de rester toujours près de vous; je n'ai pas de plus grand désir. »

Grande était la tentation pour le vieux Riemann; Claus lui mettait en main le moyen de délivrer son fils, son cher Conrad; de rompre à jamais ses fers. Quel bonheur! quelle félicité d'être tous réunis et de n'avoir plus rien à désirer sur la terre! Cette perspective fit un instant chanceler le vieillard; mais la voix de l'honneur l'emporta; ses principes étaient trop inébranlables pour qu'il succombât à la tentation. Il repoussa l'offre de Claus.

Le refus de Riemann étonna le soldat. « Comment ! s'écria-t-il avec surprise, un faux point d'honneur vous fait fouler aux pieds l'occasion de rendre à la liberté un fils qui s'est sacrifié pour vous ! Ce diamant, dont le prix doit servir à arracher à l'esclavage dans lequel il gémit votre généreux fils, n'est pas le fruit d'un crime ; car jamais je ne me fusse laissé entraîner à commettre une action coupable pour augmenter mes ressources. Croyez-vous que le malheureux qui l'a détourné de la mine ne l'a pas bien payé à ses bourreaux par ses souffrances journalières ? C'est pour vous seul, père Riemann, que j'en ai fait l'acquisition ; si je n'avais pas cru vous rendre service, j'eusse repoussé l'offre du malheureux noir. »

« Mon cher Claus, lui répondit Riemann, tout en vous sachant gré de votre offre généreuse, je ne puis me décider à l'accepter. Un fils aussi vertueux que Conrad mérite un père digne de lui. Oserais-je lever les yeux devant lui si jamais j'avais recours à des voies illicites pour lui rendre la liberté ? Je connais son cœur et ses principes, principes que dès sa plus tendre jeunesse je cherchai à graver dans son cœur. Je sais qu'il refuserait sa liberté s'il connaissait par quels moyens je la lui ai procurée. Gardez votre diamant, Claus, ou faites mieux : rendez-le aux autorités auxquelles il appartient légitimement ; les souffrances du noir, les dangers qu'il a courus pour se l'approprier ne justifient pas son action ; il n'en est pas moins coupable d'un acte d'indélicatesse. Si vous ne vous sentez pas la résolution de le rendre, il faut nous séparer ; car je ne pourrais me résoudre à être le confident d'une faute qui me ferait rougir devant mes propres enfants. »

Claus n'hésita pas à prendre une résolution ; car son cœur était bon et ses principes honnêtes ; il n'avait péché que par ignorance, et un seul mot suffit pour le faire rentrer dans la voie du bien. « Mon brave père Riemann, s'écria-t-il, vous avez raison, j'ai eu grand tort d'acheter ce diamant au noir ; car cet homme volait évidemment le gouvernement ; mais comment réparer cette faute sans nous perdre ? Si l'on découvre que l'esclave a dérobé ce diamant et me l'a vendu, nous périrons tous deux du dernier supplice. Je ne sais comment faire pour le rendre aux autorités sans causer notre ruine. »

« Je crois avoir trouvé un excellent expédient, dit Riemann après quelques minutes de réflexion. Si vous avez confiance en moi et que vous ayez sincèrement le désir de réparer votre faute, venez avec moi à Rio-Janeiro ; j'y ai fait la connaissance d'un homme qui, si je ne me trompe, nous aidera à restituer le diamant sans qu'il arrive malheur à vous ou au pauvre nègre, qui n'est qu'à demi coupable, puisqu'il n'a qu'une idée imparfaite du bien et du mal. »

« Je ferai tout ce que vous croirez convenable, dit Claus. Dussé-je y perdre la vie, je veux me rendre digne de votre estime. Je vous jure, père Riemann, que je n'y eusse jamais songé sans l'idée que je pouvais vous aider à racheter votre fils. » Il tendit la main au vieillard et la lui serra avec une cordialité qui annonçait que sa résolution était sincère.

CHAPITRE XX.

Un Voyage à Rio-Janeiro. — M. Albrecht.

Le bon Riemann ne pouvait se séparer de ses chers enfants sans un serrement de cœur involontaire; car il avait résolu que, pendant son absence, Wilhelm resterait près de ses sœurs. Ses enfants ne pouvaient se rendre compte de l'émotion de leur père pour une séparation de si courte durée. Pour ne pas tourmenter ses enfants, Riemann leur avait caché le but de son voyage; mais l'état d'agitation de leur père ne pouvait leur échapper; car jamais ils ne l'avaient vu si troublé.

Ce brave vieillard surmonta la répugnance

que lui causait ce voyage, tant l'amour de la vertu a de puissance sur les âmes honnêtes. Nos deux voyageurs se mirent en route, accompagnés des vœux de toute la famille. Je ne parlerai pas des fatigues de ce voyage ; encore furent-elles moindres pour le père Riemann ; car Claus connaissait parfaitement le chemin de Rio-Janeiro, et ils ne firent pas un pas de plus.

Une fois arrivé dans la capitale, Riemann se rendit directement au palais du Gouvernement, dans l'espérance d'y rencontrer le brave secrétaire allemand auquel il avait parlé deux fois. Il ne fut pas trompé dans son attente. M. Albrecht (c'est le nom du secrétaire) le reconnut aussitôt, et, quittant pour un instant son travail, il demanda à Riemann ce qui l'amenait à Rio-Janeiro, et s'il se plaisait dans le beau district de Gigitonhonha.

« Comment ne m'y plairais-je pas? j'y vis heureux en travaillant, lui répondit Riemann. Je viens à Rio-Janeiro pour avoir avec vous un petit entretien particulier. J'espère que vous ne me refuserez pas cette faveur ; car le bonheur de plusieurs personnes en dépend, et je compte sur vos bons conseils. »

« Mon cher ami, lui dit le secrétaire, je suis à votre disposition. Veuillez seulement attendre que j'aie terminé mon travail. Asseyez-vous ; nous irons ensemble chez moi aussitôt que je serai libre. Vous devez avoir besoin de repos ; car la route que vous venez de parcourir est longue. »

Riemann s'assit et attendit patiemment que le secrétaire fût libre ; il eut occasion de bénir le hasard qui l'avait fait rencontrer un homme aussi bienveillant que M. Albrecht. Combien la conduite de ce digne jeune homme était différente de celle des autres employés du même bureau !

Les personnes qui attendaient impatiemment une réponse, et qu'un seul mot aurait pu satisfaire, attendaient des heures entières. Si elles répétaient leur demande, on les congédiait avec la plus insultante brutalité. D'autres, que leur peu de connaissance des formalités faisait s'adresser à tort dans ce bureau, ne recevaient aucune réponse, et celui à qui elles avaient remis leurs papiers, au lieu de les leur rendre avec politesse, les leur jetait grossièrement au visage. Quelques employés, jeunes et étourdis, avaient l'air de se moquer des gens qui s'adressaient à eux; ce que le père Riemann voyait à leurs manières, quoiqu'il comprît fort peu la langue du pays. Quelle différence de conduite dans M. Albrecht! Il était toujours grave, mais affable; il se montrait bienveillant envers tout le monde, donnait tous les renseignements nécessaires à ceux qui s'étaient trompés, et ne renvoyait personne sans l'avoir satisfait par l'honnêteté de ses réponses. Le père Riemann conçut une haute opinion de ce jeune homme et demeura convaincu que ce n'était pas à tort qu'il avait pris la résolution de s'adresser à lui; car ses traits respiraient la plus douce philanthropie.

Quand les affaires du matin furent terminées, M. Albrecht fit signe au vieillard de le suivre. Arrivé à sa maison, il fit servir à Riemann quelques rafraîchissements et l'invita ensuite à lui parler ouvertement; ce que celui-ci fit sans réserve.

M. Albrecht l'écouta attentivement. Quand

il eut fini, il lui dit : « Je dois vous avouer que cette affaire est fort délicate, non pas pour vous, qui venez restituer à la couronne un diamant qui lui a été enlevé, mais pour le nègre auteur du larcin et pour le soldat qui en est devenu le complice ; car, comme je vous l'ai dit avant votre départ, ce crime est puni de la manière la plus rigoureuse. Il me vient à l'idée un moyen d'arranger cette affaire. Vous savez que notre jeune impératrice est allemande. Elle aime sa patrie et protége, autant qu'il est en son pouvoir, tous les Allemands qui viennent s'établir dans ses états. C'est à elle que je dois la place que j'occupe ; j'en obtiendrai sans peine une audience ; car elle accorde facilement cette faveur à tous ceux qui demandent à lui parler. Je l'irai voir aujourd'hui même ; je l'entretiendrai de cette affaire, et je compte sur sa protection généreuse ; car son cœur est compatissant. Veuillez me confier le diamant volé, afin que je puisse le lui remettre. Allez rejoindre votre ami, tranquillisez-le autant que cela est possible, et revenez ici ; je désire que vous restiez chez moi jusqu'à la conclusion de cette affaire. Mes services sont acquis à tous ceux qui, comme vous, n'hésitent pas à faire le sacrifice de leurs attachements les plus forts pour ne pas commettre une action qui répugne à leur conscience. Vous pouvez en toute occasion compter sur mes conseils ou sur mon appui. »

Le secrétaire serra amicalement la main de Riemann, qui, le cœur plein de reconnaissance, alla rejoindre Claus. Il l'avait laissé dans une petite auberge aux portes de la ville, et le pauvre diable attendait son retour avec impatience.

« Dieu nous aidera à sortir d'embarras, dit Riemann à Claus en lui contant le résultat de sa démarche auprès de M. Albrecht ; dans aucun cas vous n'avez à redouter une punition rigoureuse ; c'est à vous de supporter en homme et en chrétien celle qui vous sera infligée. L'homme vraiment vertueux éprouve un secret plaisir à souffrir pour la bonne cause. »

« Vous avez raison, père Riemann, lui répondit Claus ; je suivrai vos conseils. Votre exemple m'a fortifié dans la voie du bien; j'ai promis à Dieu et à moi-même de consacrer à la plus rigide vertu le reste de ma vie et de ne jamais dévier du chemin de l'honneur. Vous qui refusez de racheter la liberté de votre fils au prix d'une action condamnable, me montrez ce qu'on peut supporter quand on a dans le cœur des principes de vertu fermement établis. »

Ils s'entretinrent longtemps encore de la sorte. Le père Riemann était fier de Claus, à qui il pouvait, sans rougir, donner le nom d'ami ; car il s'était rendu véritablement digne de son estime, en renonçant à l'idée de s'approprier un bien qui ne lui appartenait pas. Quand l'heure fixée par M. Albrecht fut arrivée, Riemann quitta Claus et se rendit chez son protecteur, pour connaître le résultat des démarches de cet excellent jeune homme auprès de l'impératrice. Il était plus occupé de cette affaire que des siennes propres ; car il ne pouvait se dissimuler que c'était lui qui était en partie cause de l'embarras dans lequel se trouvait Claus. Ce brave soldat avait la ferme résolution d'employer le produit de la vente de son diamant à racheter Conrad. Quand le père Riemann pensait au plaisir qu'il aurait éprouvé à voir tomber les fers de son généreux fils, le cœur lui battait de joie, les larmes lui venaient aux yeux; cependant, depuis son arrivée à Rio-Janeiro, il concevait une secrète espérance de le voir prochainement libre.

CHAPITRE XXI.

Conrad recouvre la liberté.

« QUAND vont-ils donc revenir? disait chaque jour Anna. Que le temps me semble long! Si encore nous connaissions le motif de ce voyage, nous serions moins tourmentés; mais le départ précipité de notre père avec cet étranger me semble de mauvais augure. »

« Ne te chagrine pas, lui disait Wilhelm; Claus est un brave homme, incapable de jeter mon père dans un embarras quelconque. Peut-être viendront-ils aujourd'hui. »

Les jours s'écoulaient, et les deux voyageurs ne revenaient point. Mêmes plaintes de la part d'Anna, mêmes consolations du côté de Wilhelm. Cependant ce brave garçon et Marguerite elle-même ne pouvaient s'empêcher de concevoir de l'inquiétude. Tous les matins Wilhelm allait au-devant d'eux, et revenait vers le milieu du jour, accablé de fatigue et d'ennui, sans les avoir aperçus.

Anna était devenue insensible aux caresses de ses perroquets, qui, à force de soins et de patience, étaient cependant devenus les plus charmants oiseaux du monde. Ils accouraient à sa voix, se perchaient sur son épaule ou sur son doigt, et venaient manger dans sa main.

Un incident heureux vint cependant faire diversion à l'anxiété de la famille. Un matin Wilhelm trouva dans sa fosse d'argile une belle vache, qui y était tombée en allant boire au fleuve. Il n'était pas assez fort pour l'en tirer; car elle était très-pesante, et si sauvage, qu'il eût été dangereux de s'en approcher; mais il comptait sur l'assistance de son père et de Claus pour s'emparer de cet animal.

Ils se contentèrent pour l'instant de jeter dans la fosse de l'herbe fraîche et d'y descendre un grand vaisseau de terre rempli d'eau ; car ils supposaient que la pauvre bête devait être dévorée par la soif. Dans le commencement, tous leurs soins furent en pure perte ; la vache poussait d'affreux mugissements et frappait des cornes les parois de la fosse. Enfin, peu à peu ses forces s'épuisèrent, et sa fureur fit place au calme. Wilhelm s'aperçut qu'elle avait même déjà mangé et bu ; ce qui lui fit espérer de pouvoir la conserver jusqu'au retour de son père.

Il ne fut pas trompé dans son attente : au bout de peu de jours l'animal devint tout-à-fait calme et mangea avec avidité les herbes que lui jetait Wilhelm. Il avait été plus d'une fois tenté de descendre dans la fosse pour considérer de plus près sa belle capture ; mais ses sœurs l'en avaient empêché, et cela avec raison ; car on connaît les accidents arrivés à un grand nombre de chasseurs, qui, tombés dans une fosse où s'était pris un buffle ou un bison, étaient à l'instant mis en pièces par l'animal furieux.

Marguerite allait plusieurs fois le jour visiter sa belle vache, que déjà elle croyait voir dans son étable ; elle songeait avec joie aux avantages qu'elle retirerait de la possession d'un animal si précieux. Ils auraient désormais en abondance du beurre et du fromage, dont ils n'avaient pas goûté une seule fois depuis leur départ d'Allemagne.

L'inquiétude de la famille était au comble, lorsqu'un jour enfin Marguerite et Anna, qui s'étaient éloignées à une grande distance, virent trois hommes se diriger vers leur habitation ; ils étaient encore trop loin pour qu'on pût distinguer leur visage. Elles crurent un instant que ce n'étaient pas ceux qu'elles attendaient ; car ils venaient trois et ne devaient cependant être que deux : leur père amenait-il un autre étranger, ou bien était-ce en effet d'autres voyageurs ?

Fuchs, qui était resté dans la chaumière pour leur sécurité, et dont l'œil était plus sûr que le leur, se dirigea en courant vers les trois voyageurs. Quand il les eut rejoints, elles virent, à leur grand étonnement, que ses caresses s'adressaient à deux d'entre eux. Il se roulait à leurs pieds et cherchait à leur exprimer sa joie par mille caresses.

« Enfin, ce sont eux! » s'écrièrent Marguerite et Anna. Elles pressèrent le pas pour être plus tôt dans les bras de leur père. Un des voyageurs quitta ses compagnons et vint se jeter à leur cou, en s'écriant : « Mes chères sœurs! me voici! Nous ne nous quitterons plus! »

« Quoi! Conrad! c'est toi? Est-il possible? tu es libre, mon bon frère! Quelle joie! » s'écriaient-elles toutes deux à la fois en versant des larmes de plaisir. « Grand Dieu! est-il possible? Ne rêvé-je pas? »

« Oui, c'est moi, c'est bien moi, mes chères sœurs! Mes peines sont finies, je suis libre et, qui plus est, près de vous. »

« Comment cela est-il possible? » demanda Marguerite.

« Je vous conterai cela plus tard ; ne songeons pour l'instant qu'au plaisir de nous revoir, et remercions le Seigneur d'avoir brisé mes fers au moment où j'y comptais le moins. Ma délivrance est évidemment l'effet de sa volonté. »

Pendant que cette scène attendrissante se passait, les deux autres voyageurs arrivèrent. Ce fut encore une nouvelle joie. Ils étaient accablés de questions si précipitées, qu'ils ne pouvaient suffire à y répondre.

On arriva enfin à l'habitation. Anna n'eut rien de plus pressé que d'appeler Wilhelm de tous côtés. Il était allé donner à manger à sa vache. Quand il entendit la voix d'Anna, il se hâta d'accourir. Sa joie et sa surprise furent aussi vives que l'avaient été celles de ses sœurs.

Quoique Conrad fût très-fatigué de la longue route qu'il venait de faire, on ne lui laissa pas de repos qu'il n'eût admiré toutes les beautés de l'habitation. Il lui fallut parcourir, avec Wilhelm et Anna, leur vaste jardin, visiter la plantation de cocotiers et le champ de riz, que chaque jour ils arrosaient abondamment, à cause de l'humidité qu'exige cette plante. On ne lui fit pas grâce du plus petit détail : il fut obligé d'aller voir la vache tombée dans la fosse de Wilhelm.

Conrad était surpris de voir cette petite plantation dans un état si florissant. Il ne s'était pas attendu à trouver, au milieu de cette contrée sauvage, une habitation où tout annonçait l'abondance. Quelle joie il éprouvait d'être rendu à sa chère famille, au milieu de laquelle il allait désormais couler une vie si heureuse et si paisible! Il y avait encore beaucoup d'améliorations à faire; mais aujourd'hui qu'il y avait un plus grand nombre de bras dans la petite colonie, il devenait facile d'agrandir la culture et d'en augmenter le produit. Il avait acquis pendant son esclavage des connaissances pratiques dans le mode de culture qui convient le mieux à ces pays méridionaux, et il méditait déjà une foule d'innovations qui seraient profitables à la communauté. Aujourd'hui qu'il était libre, il s'applaudissait d'avoir passé quelques mois au milieu des esclaves, puisqu'il y avait appris une foule de choses inconnues aux Européens et indispensables à ceux qui vont s'établir au Brésil avec l'intention d'y cultiver la terre.

CHAPITRE XXII.

Conclusion.

Mes chers amis, vous êtes, j'en suis sûre, aussi désireux que l'était la famille du brave laboureur d'apprendre ce qui arriva à Riemann et à son compagnon, le pauvre Claus, que nous avons laissés à Rio-Janeiro dans une situation critique. Ce qui les intéressait surtout, c'était de savoir comment leur cher Conrad avait recouvré la liberté.

Nous avons laissé le bon vieillard dans la maison de M. Albrecht; il y attendait avec impatience que son sort et principalement celui de Claus fussent décidés. Depuis qu'il connaissait les principes de ce brave militaire et son désir de réparer sa faute à quelque prix que ce fût, il lui était devenu aussi cher que son propre fils.

Nous sommes tous sujets à l'erreur. Quel est celui de nous qui achève sa carrière sans avoir aucune faute à se reprocher ? On distingue le bon du méchant en ce que le premier s'efforce de racheter, par son repentir sincère et au prix même des plus grands sacrifices, les fautes qu'il a commises, tandis que le dernier persévère dans sa conduite vicieuse, et, fermant son cœur au repentir, accumule crime sur crime.

Il ne faut pas juger du mérite des hommes d'après une seule de leurs actions; car l'homme le plus vertueux peut tomber dans l'erreur; mais son repentir est si profond, son désir de rentrer dans la bonne voie si ardent et si sincère, que les gens de bien ne peuvent refuser de lui rendre leur estime, et Dieu, qu'il a offensé un moment, lui accordera le pardon de sa faute. Telle était la position de Riemann à l'égard de Claus, et l'on s'explique facilement pourquoi il lui portait un si vif intérêt.

M. Albrecht n'avait pas perdu son temps; il avait trouvé l'occasion de parler à la jeune et bienfaisante impératrice et de lui demander protection pour son compatriote. Il lui remit le diamant que Claus avait acheté à Tejucco.

L'impératrice fut très-touchée de la probité du bon Riemann et du repentir de Claus; elle manifesta le désir de les voir et promit d'intercéder pour eux auprès de son époux, afin qu'on ne donnât aucune suite à cette affaire, qui aurait pour dénouement la mort de l'infortuné noir.

Riemann et Claus furent conduits par le secrétaire dans le jardin impérial, où se promenait l'impératrice.

Le pauvre vieillard sentit violemment battre son cœur en entrant dans le jardin où travaillait son cher Conrad en qualité d'esclave. Quelle félicité s'il pouvait le revoir, ne fût-ce qu'un seul instant! Quelle joie de presser ce digne fils sur son cœur! Riemann cherchait des yeux dans le jardin s'il ne découvrirait pas Conrad au milieu des travailleurs; mais il fut bien cruellement trompé dans son espoir; il n'apercevait que des nègres, et pas un seul blanc parmi eux.

L'impératrice les reçut avec une bienveillance toute particulière : elle adressa des paroles flatteuses à Riemann et encouragea le pauvre Claus, qui était pâle et tremblant devant elle. Elle lui donna l'assurance que son époux, touché de ses remords et de son prompt retour à la vertu, lui accorderait un entier pardon de sa faute.

Pendant que l'impératrice adressait à Claus des paroles de consolation, une troupe d'esclaves conduits au travail à coups de fouet parut au détour d'une allée; ils étaient suivis de leur farouche gardien, qui ne s'attendait pas à la présence de sa souveraine. Un jeune blanc, qui marchait en tête des esclaves, s'arrête, se précipite dans les bras de Riemann en s'écriant : « Mon père ! mon cher père ! » Tous deux se tenaient étroitement embrassés sans pouvoir proférer une seule parole. Leurs larmes coulaient en abondance.

« Qu'est-ce que cela signifie? demanda l'impératrice avec étonnement; quel est ce jeune homme? »

« Madame, lui répondit Riemann avec une noble assurance, ce jeune homme est mon fils, mon cher Conrad; quoiqu'il soit esclave, il n'en est pas moins l'orgueil de ma vieillesse. »

Conrad, dont la modestie était blessée des louanges que lui prodiguait son père, l'invitait au silence, en le priant de ne pas parler d'une action qui était si naturelle, qu'elle n'avait pas besoin d'éloges. Lorsque l'impératrice, qui avait un pressentiment de cette aventure, demanda à connaître l'histoire du jeune esclave, Claus fut le narrateur. Quand il eut fini, on vit une larme d'attendrissement briller dans les yeux de la princesse. Cette larme, juste tribut d'admiration payé à l'amour filial, était mille fois plus précieuse que les riches diamants qui ornaient sa couronne.

« Tant de vertu mérite une récompense, s'écria-t-elle en se tournant vers Conrad; jeune homme, vous êtes libre, retournez vers les vôtres; je me charge de votre rançon. Tenez, ajouta-t-elle en tirant une bague de son doigt, prenez cette bague comme un souvenir de moi ; elle vous rappellera que jamais je n'éprouvai un plus vif plaisir qu'en voyant devant moi une famille véritablement vertueuse. Conservez avec soin ce bijou et transmettez-le à vos descendants. Puissent-ils, brave jeune homme, hériter de vos vertus. Je veux contribuer à votre bonheur et vous procurer tout ce qui pourra vous rendre agréable le séjour de ce pays. Monsieur Albrecht, dit-elle au secrétaire, je vous charge de veiller sur l'avenir de ces braves gens. J'ai la conviction que ce devoir sera doux à remplir pour un cœur aussi bienfaisant que le vôtre. »

En disant ces mots elle s'éloigna, comblée des bénédictions de ceux dont elle venait de faire le bonheur. Chacune de ses paroles était restée gravée dans tous les cœurs.

Albrecht voulait qu'ils restassent quelques jours encore dans la capitale, pour attendre les présents que leur destinait l'impératrice ; mais ils étaient si inquiets sur le sort de ceux qu'ils avaient laissés dans la plantation, qu'ils ne voulurent pas s'arrêter un seul jour de plus. Ils se mirent immédiatement en route, accompagnés des vœux du généreux secrétaire, qui leur promit de leur faire parvenir les dons de leur bienfaitrice.

Depuis ce moment, nos émigrants virent renaître le bonheur. A la place de leur humble et rustique cabane, s'éleva une jolie maison où se trouvaient toutes les commodités de nos habitations d'Europe. Le jardin qui l'entourait fut planté d'arbres fruitiers donnant la plus riche récolte ; leurs champs, cultivés avec soin, mais sans fatigue, rapportèrent abondamment tout ce qui est nécessaire aux besoins de la vie. Six belles vaches au poil luisant et poli vinrent prendre place dans une étable spacieuse et aérée. Marguerite était au comble de la joie ; elle allait matin et soir traire ses vaches, qui lui donnaient du lait en abondance.

Claus devint l'époux de Marguerite. Conrad présenta à son père la fille d'un de leurs compatriotes, que la misère avait, ainsi qu'eux, forcé de venir s'établir au Brésil. Le vieillard les bénit et accepta la jeune fille pour bru.

Conrad se rappela que, pendant toute la

durée de son esclavage, le bon Mandango n'avait pas cessé de lui rendre des services ; que c'était à lui qu'il devait d'avoir acquis les connaissances qu'il avait, et en outre d'avoir plus d'une fois évité des châtiments ; car vous savez que, dans ces pays encore à demi sauvages, où l'homme n'a nulle pitié de ses semblables, les fautes les plus légères sont punies avec une barbarie sans égale. Il parla à son père du projet qu'il avait de le racheter ; les libéralités de l'impératrice les avaient mis à même de le faire ; ensuite Mandango, ayant déjà atteint un âge où les forces commencent à diminuer, surtout quand on a passé sa vie à de rudes travaux, n'était pas d'un prix très-élevé. Riemann y consentit ; Conrad alla à Rio-Janeiro, racheta Mandango, qui vint s'établir au milieu de la famille et contribua, pour sa part, à l'accroissement de la prospérité commune.

Nos émigrants durent une partie de ce bonheur à l'impératrice, qui ne les oublia jamais et s'occupa toujours d'eux avec une sollicitude maternelle. Elle ne leur donna que peu d'argent ; car ils n'en avaient pas besoin ; mais ce fut elle qui fit agrandir leur jardin, reconstruire leur chaumière, et mit leur petite ferme sur un pied de prospérité qui permettait que leur aisance augmentât chaque jour.

Anna et Wilhelm coulèrent d'heureux jours au milieu de leur chère famille.

Après avoir éprouvé d'aussi rudes traverses, nos émigrants jouissent en paix d'un bonheur qu'ils ne doivent qu'à leur persévérance et à leur probité. Honneur à celui qui ne ternit pas sa vie par une action coupable et ne s'écarte jamais de ses devoirs; il recevra tôt ou tard le prix dû à sa vertu !

FIN DES ÉMIGRANTS.

L'ÉGOÏSTE.

CHAPITRE PREMIER.

Le pauvre Ferdinand.

« FRANÇOIS, tu ne connais pas l'événement horrible qui vient d'avoir lieu dans notre voisinage? » s'écria Emilie avec l'accent de la plus profonde terreur et l'effroi peint sur le visage, en se précipitant dans la chambre où son frère était occupé à donner la becquée à ses alouettes.

« Qu'est-ce qu'il y a de nouveau? encore quelque baliverne, lui répondit François sans se laisser distraire de son occupation. Eh bien! parle donc, continua-t-il en ouvrant de force le bec d'une jeune alouette qui ne voulait pas manger; tu as l'air aussi effrayée que si le feu était à la maison. »

« Hélas! de si honnêtes gens, de si bons voisins! O mon Dieu! quel malheur! » continua Emilie, dont l'émotion était trop forte pour qu'elle pût parler.

« Que le bon Dieu te bénisse, avec tes exclamations! lui dit avec impatience François, qui brûlait du désir d'apprendre ce qui s'était passé et voyait avec mécontentement que sa sœur ne s'empressait pas de satisfaire sa curiosité. Allons, fais-moi donc un peu savoir ce qui t'est arrivé, si tu veux que j'y prenne la moindre part. Sans cela va-t'en et laisse-moi, ne me casse pas la tête avec tes sornettes. »

« Il ne m'est rien arrivé, répondit Emilie; mais c'est à nos bons voisins. Quand j'y pense, les larmes me viennent aux yeux. Que cette perte est cruelle! »

« S'il ne t'était rien arrivé, je ne te verrais pas si attristée, répondit François avec le ton de la plus grande indifférence. Si tu veux que j'écoute, hâte-toi de me dire ce qui en est ; et surtout plus de jérémiades. Mais je crois vraiment que tu pleures ! »

« Il faudrait avoir le cœur bien dur pour ne pas déplorer un événement si affreux. Tu connais nos voisins, si riches et si considérés, qui n'ont rien à désirer sur la terre, une belle maison de ville, une charmante maison de campagne, auprès de laquelle la nôtre n'est qu'une pauvre cabane ; un brillant équipage, de nombreux domestiques. Eh bien ! ils sont devenus si malheureux, qu'ils changeraient aujourd'hui de sort avec le plus pauvre habitant du village.... »

« Bref, ils ont tout perdu? » répondit François en remettant son alouette en cage.

« Non pas ; ils sont aussi riches qu'auparavant ; mais tu sais qu'ils avaient un fils unique, un enfant de quatre ans, beau comme un ange, et si aimable, si caressant ; j'aimais tant à jouer avec ce pauvre petit Ferdinand. Il vient de se noyer. » A ces derniers mots, Emilie fondit en larmes.

« Eh bien ! eh bien ! cela vaut bien la peine de pleurer à chaudes larmes ; je trouve cela ridicule de ta part ; les pauvres ne sont-ils pas, aussi bien que nos riches voisins, exposés à perdre leurs enfants? »

« Comment ! François, tu ne trouves pas que cet événement soit déplorable? Oh ! je suis bien sûre que si tu avais vu ce que je viens de voir, tu serais aussi triste que moi, et tu ne pourrais t'empêcher de pleurer. »

« Tu te trompes, mes larmes ne sont pas à si bon marché. Il faut, pour que je pleure, des circonstances plus graves que celle-là. »

« La mère de ce pauvre Ferdinand, continua Emilie, ayant été invitée à tenir sur les fonts de baptême l'enfant d'un de leurs amis, sortit avec son mari. Tu connais leur amour pour leur fils, dont ils ne se séparaient jamais. En partant, ils recommandèrent à Annette, qui est depuis longtemps à leur service, de veiller bien attentivement sur leur cher enfant et de ne pas le perdre un instant de vue. Annette le leur promit, et ces infortunés parents partirent sans inquiétude. Ils n'étaient pas à un quart d'heure de la maison, que les domestiques réunirent leurs amis et profitèrent de l'absence de leurs maîtres pour faire une bombance que ceux-ci n'eussent jamais autorisée. Annette était de la partie.

« Ferdinand, après avoir joué longtemps dans une salle basse qui donne sur le jardin, et avoir traîné dans sa petite voiture d'osier des fleurs qu'il avait cueillies, eut la fatale idée de vouloir seul en aller chercher d'autres. Comme la porte de la salle était ouverte, il sortit dans le jardin sans que son imprudente gouvernante s'aperçût de son départ.

« Au bout d'une demi-heure, il lui vint à l'idée d'aller voir ce que faisait Ferdinand. Quand elle ne l'aperçut pas dans la chambre, elle parcourut la maison avec effroi, mais sans pouvoir le trouver. A ses cris, tout le monde accourt et se met à la recherche de l'enfant ; on le cherche dans le jardin, dans le parc, tout est inutile. Les cris : Ferdinand ! Ferdinand ! retentissent de tous côtés.

« Enfin, un domestique, passant devant

le grand étang qui est à l'extrémité du verger, aperçut quelque chose flotter sur l'eau et reconnut avec effroi le chapeau de l'infortuné Ferdinand. Il pousse des cris affreux et appelle tous ses camarades. Le jardinier, homme courageux et résolu, lève la vanne de l'étang : l'eau s'écoule, et l'on découvre enfin le cadavre du malheureux enfant, à demi enseveli dans la vase. »

Emilie s'arrêta un instant, suffoquée par les sanglots. Pendant ce temps, François, qui écoutait sa sœur avec une froide curiosité, raccommodait la cage de ses alouettes.

« Pour terminer cette triste histoire, continua Emilie, on retira de l'eau le cadavre de Ferdinand ; on courut chercher un médecin, qui arriva immédiatement ; il fit tous les efforts imaginables pour le rappeler à la vie ; mais ses soins furent inutiles. Ferdinand était raide et glacé ; enfin, il était mort. Un exprès fut aussitôt envoyé aux parents. Tout le voisinage alla voir le pauvre petit. Notre mère allait s'y rendre avec moi, quand Annette, sur le visage de laquelle était peint l'effroi, vint au-devant d'elle et la supplia de parler en sa faveur à ses maîtres, dont elle redoutait la juste colère.

« Nous nous rendîmes chez le baron sans qu'Annette osât nous accompagner ; elle est même encore avec nos domestiques, et nous aperçûmes sur une table le cadavre du pauvre Ferdinand. Il était froid et immobile. Le médecin même ne pouvait retenir ses larmes. Ma mère et moi pleurions amèrement.

« Nous étions arrivées depuis quelques instants, quand la porte de la salle s'ouvrit, et la baronne entra. Dès qu'elle aperçut le corps de son fils, elle tomba évanouie. Quant au baron, il ne pleurait pas; la douleur semblait l'avoir anéanti. Il se précipita sur le corps de son bien-aimé et s'écria d'une voix déchirante : « Mon Dieu ! mon Dieu ! pour-« quoi m'as-tu frappé d'un coup si doulou-« reux ? » Ce pauvre père n'en put dire davantage. La baronne, qu'on avait portée dans son lit, ne revenait pas de son évanouissement, malgré les soins empressés du médecin. Quand elle ouvrit les yeux, elle les promena avec égarement autour d'elle et s'écria : « Mon enfant ! mon cher enfant !

« rendez-moi mon fils ! sans lui je ne puis « vivre ! »

« Je ne pus supporter plus longtemps la vue de la douleur de cette pauvre mère ; je suis revenue pour te raconter ce triste événement. N'est-il pas affreux ? »

« C'est vrai, répondit François avec calme ; mais je ne me mets pas dans un état semblable à celui où je te vois ; mon Dieu, si moi, qui suis ton frère, venais à me noyer, je ne sais pas si tu serais si désespérée. »

« Tu ne penses jamais qu'à toi ; est-ce que les malheurs des autres ne sont pas aussi de nature à nous affliger ? Je donnerais tout ce que je possède pour que cet événement ne fût pas arrivé. »

« Allons, tu es une folle de te chagriner comme cela pour des choses qui ne te regardent pas, reprit François, toujours occupé de ses oiseaux. Tu devrais bien descendre à la cuisine et m'aller chercher un peu de pain pour que je fasse de la pâtée à mes alouettes, qui ne cessent de crier en ouvrant le bec, et à qui je ne puis rien donner. »

« J'ai bien le temps de m'occuper de tes

alouettes, répondit Emilie avec impatience; tu devrais avoir honte de ne pas être plus compatissant aux maux d'autrui. Tu as un mauvais cœur. »

« Il faut avant tout que je donne à manger à mes alouettes; quand elles crèveraient de faim, cela ne ferait pas revenir Ferdinand, et j'en serais très-fâché. Puisque tu ne veux pas me faire de pâtée, je vais en faire moi-même. Je te laisse pleurer tout ton content; mais je ne puis que te répéter : mes alouettes avant tout. » En disant ces mots il quitta la chambre et laissa Emilie profondément affligée de la dureté de son cœur.

CHAPITRE XI.

Les Nids d'Alouettes.

Peu de jours après cet événement, François vint trouver Emilie dans le jardin. Il était facile de voir à ses yeux qu'il avait pleuré.

« Eh bien ! qu'as-tu donc, mon pauvre François ? lui demanda Emilie avec compassion. Tes yeux sont encore rouges, tu as pleuré ? »

« Comment ne pleurerait-on pas, quand, comme moi, on a fait une perte irréparable ? répondit François en s'asseyant avec désespoir à côté de sa sœur. Mes quatre alouettes si gaies, si vives hier, sont mortes aujourd'hui, bien mortes. Quand ce matin j'ai pris la cage pour leur donner de la pâtée, elles étaient toutes quatre sur le dos et les pattes en l'air. Elles sont mortes la nuit dernière. Quatre alouettes si vives, si jolies! Ce n'est pas faute de soins qu'elles ont péri; car j'en étais toujours occupé. »

« Cet accident est bien fâcheux, mon pauvre François; mais rappelle-toi que papa t'a averti qu'il t'arriverait, et que tu ne pourrais élever aucune de ces jolies alouettes, que c'est trop difficile. Maman te pria même de ne pas priver ces pauvres oiseaux de leurs petits et de ne pas prendre le nid; mais tu n'as rien voulu écouter et tu l'as pris malgré toutes ses représentations et toutes mes prières. Tu vois que papa avait plus raison que toi. Te voilà puni de ton obstination. »

« Tu me donnes de belles consolations! lui répondit François d'un air de mauvaise humeur, et en répandant toujours des larmes. Au lieu de me plaindre, tu me fais des reproches. Va, je sais bien que tu as pitié de tout le monde, excepté de moi! Quand un malheur m'arrive, tu ne me plains seulement pas. »

« S'il t'arrivait un malheur véritable, je serais la première à m'en affliger avec toi, et je te prouverais l'intérêt que je te porte; mais pourquoi veux-tu que je pleure la mort de tes alouettes, quand chacun de nous, excepté toi, prévoyait le sort qui leur était réservé? »

« Quoi! la mort de mes alouettes n'est pas un malheur! Elles qui étaient si vives, si jolies! s'écria François avec indignation. Eh bien! je ne me consolerai de la perte de mes oiseaux que quand j'aurai trouvé un autre nid, qui renferme juste autant de petits; car je ne puis plus me passer d'alouettes. »

« Comment! François, n'es-tu pas content d'avoir fait mourir ces quatre alouettes? il te faut encore un autre nid! Tu vas de nouveau affliger de pauvres oiseaux par l'enlèvement de leurs petits? Ce sont encore des alouettes que tu destines à la mort. »

« Ne crains rien, j'en aurai encore plus de soin que des dernières. Je te promets qu'elles ne mourront pas. Je puis t'assurer que je ne négligerai rien pour les élever.

Si seulement j'en sauve une, je serai suffisamment payé de mes peines. »

« Ainsi, pour avoir une seule alouette, tu en sacrifieras sept, et tu auras condamné leurs pauvres parents à la tristesse. »

« Peu m'importe qu'il meure autant d'alouettes qu'il voudra, et que leurs parents soient tristes ou gais de la perte de leurs petits; la seule chose que je demande, c'est d'élever une seule alouette, pour la mettre à ma fenêtre et avoir le plaisir de l'entendre chanter. Est-ce que les oiseaux n'ont pas été créés pour notre plaisir et notre utilité? Ne sommes-nous pas les maîtres d'en disposer à notre gré? Les poulets, les dindons et les oies de notre basse-cour, que nous tuons pour notre nourriture, ont bien autant de mérite que de méchantes petites alouettes qui ne valent pas même la peine d'être plumées et qui n'ont d'autre agrément que la voix. »

« Tu oublies que maman t'a dit plus d'une fois que le Seigneur avait créé les oiseaux, ainsi que l'homme, pour qu'ils vécussent libres et heureux, et non pas seulement pour notre plaisir, pour nos besoins. Les leçons de maman devraient mieux se graver dans ta mémoire; elle ne t'a jamais recommandé d'avoir de la dureté envers ces pauvres oiseaux, et cependant tu es pour eux d'une inhumanité révoltante. »

« Mademoiselle la raisonneuse, je n'ai pas besoin de tes morales; mais toi, qui prêches si bien l'humanité et qui prétends que Dieu a créé tous les êtres pour qu'ils soient libres, dis-moi pourquoi tu tiens ton serin sans cesse enfermé dans sa cage? Ne serait-il pas bien plus heureux s'il pouvait voltiger à son aise dans le jardin? Il y a cependant inhumanité à toi de le tenir enfermé dans son étroite prison; car tu vois qu'il cherche toujours à passer sa tête entre les barreaux de sa cage et qu'il ne lui manque que l'occasion pour prendre la clef des champs. Si tu veux me prouver que tes raisons sont bonnes et que les leçons de maman se sont gravées dans ta mémoire, tu ouvriras la cage de ton serin et tu le laisseras s'envoler. »

« Depuis longtemps je lui aurais rendu la liberté si je n'étais persuadée qu'elle lui serait plus funeste qu'utile. »

« Et pourquoi donc la liberté serait-elle plus funeste à ton oiseau qu'aux miens ? »

« Les serins étant d'un climat plus chaud que le nôtre.... »

« Je sais que tu vas vouloir faire de l'érudition. Tu veux me dire qu'ils sont originaires des îles Canaries, situées à l'ouest de l'Afrique, dans l'Océan Atlantique. Après ? »

« Eh bien ! ces oiseaux, étant d'un climat chaud, ne pourraient vivre en liberté dans le nôtre, parce qu'ils s'accommoderaient mal de nos frimas ; et mon petit Bibi mourrait de froid s'il passait dehors une seule nuit d'hiver. Tu dois te rappeler le joli serin vert huppé que nous prîmes à la ville dans le mois de novembre dernier ? »

« Oui ; il était tombé dans la neige, et le froid l'avait privé à un tel point de l'usage de ses ailes, qu'il ne pouvait plus voler. Il serait sans doute mort de froid si nous n'étions venus à son secours. Mais, dès qu'il fut dans la chambre, il ne tarda pas à se réchauffer et vola aussi gaîment que s'il ne lui était rien arrivé. »

« C'est ainsi que périrait mon pauvre Bibi, si personne n'avait la charité de le recueillir. Mais chez qui serait-il aussi heureux que chez nous? Je ne crois pas que personne en puisse avoir plus de soins que moi. Ces raisons ne sont-elles pas suffisantes pour m'empêcher de lui donner la liberté? Dans un climat plus chaud, je n'hésiterais pas un instant. Il en est autrement de tes alouettes; accoutumées à vivre dans nos climats, elles supportent sans peine le chaud et le froid, trouvent partout leur nourriture et n'ont d'autres ennemis que les oiseaux de proie et les chasseurs. C'est donc une inhumanité de les mettre en cage. Il est bien plus amusant de les voir s'élever dans les airs, en gazouillant leur petite chanson, que s'agiter sans cesse dans leur cage pour chercher à s'en échapper. »

François, voyant qu'il lui était impossible de répondre aux sages raisons d'Emilie, la quitta pour aller chercher un autre nid d'alouettes; car cet égoiste écoutait aussi peu les leçons de ses parents que les sages avertissements de sa sœur. Il n'en faisait jamais qu'à sa tête et s'occupait fort peu que ses jeux fissent ou non périr ceux qui en étaient l'objet.

Il trouva un nid et en enleva les jeunes alouettes, qui périrent comme les premières ; six autres nids éprouvèrent successivement le même sort, et il n'y eut que la crainte de la punition dont le menaça son père, qui lui fit cesser ces barbares essais. Il renonça à élever des alouettes pour éviter un châtiment, mais nullement par pitié ; car l'égoïste ne voit que lui seul au monde ; les peines ou les plaisirs d'autrui lui sont indifférents ; il n'y a que ce qui le touche qui soit capable de l'intéresser.

CHAPITRE III.

Les Papillons.

« François, que fais-tu là ? » lui demanda un jour son père, en le voyant occupé à piquer sur un morceau de liége de pauvres insectes et surtout des papillons, dont le corps était traversé par une épingle.

« Je fais une collection de papillons et d'insectes de toutes sortes. »

« Tu fais une collection ! Dis plutôt que tu martyrises de pauvres insectes, et que ta conduite mérite un châtiment exemplaire. »

« Comment ! papa, un châtiment ! Il aurait donc aussi fallu châtier le professeur Palm, qui a une collection de papillons cent fois plus nombreuse que la mienne ? Ne vient-il pas chaque année passer quelques jours chez nous pour enrichir sa collection des nouveaux insectes qu'il attrape? Comme moi, il les embroche avec une épingle; je ne vois donc pas que je fasse plus de mal que lui. »

« Ce savant, il est vrai, a une des plus vastes collections d'insectes que je connaisse; mais le but de ses travaux est différent de tes jeux. Il étudie les mœurs des insectes, les classe par famille, enseigne le parti qu'on peut tirer de chacun d'eux, et répand enfin le goût de la science des insectes, qu'on appelle entomologie. Veux-tu donc, comme lui, devenir naturaliste? »

« Ma foi, non; je veux, ainsi que toi, me livrer au commerce, et je ne prends des papillons que parce que leurs couleurs sont brillantes, et que cela m'amuse de courir après. Au moment où vous croyez mettre la main dessus, pst, ils n'y sont plus. »

« C'est donc le mal qu'ils te donnent qui te fait croire que tu es le maître de les martyriser de la manière la plus barbare? Pourrais-tu me dire le nom du papillon que tu viens de piquer sur ta planche de liége?

Sais-tu à quelle classe il appartient? Connais-tu l'utilité de ce petit scarabée que tu viens d'écraser si maladroitement en le perçant avec une épingle trop grosse? »

« Non, papa; je n'y ai même jamais songé. Mon but a été de m'amuser et de réunir dans ma boîte le plus d'insectes que je pourrais. »

« Fort bien! Mais, puisque la supériorité de ta force sur celle d'un insecte te fait croire que tu as le droit de le faire mourir de mille morts en le mettant en pièces, si moi, qui suis plus fort que toi, je prenais plaisir à te tourmenter? si, par exemple, je t'attachais à un arbre, et que, pour passer le temps, je te fustigeasse jusqu'au sang, que dirais-tu? » En disant ces mots, le père de François fit semblant de ramasser une corde qui était à terre.

François, effrayé de l'action de son père, lui saisit la main et lui dit: « Mon cher papa, pourquoi voudriez-vous me traiter si cruellement? qu'ai-je fait pour mériter un tel châtiment? »

« Il n'est question ici ni de châtiment ni

de cruauté, mon cher François; je n'ai d'autre intention que de m'amuser un instant. Quand même, je ne serais pas plus cruel envers toi que tu l'es envers ces pauvres insectes, que tu fais souffrir pour ton plaisir. Malheureux égoïste, éloigne-toi de mes yeux, si tu ne veux que je te punisse comme tu le mérites. Qui sait où te conduira un jour cet amour effréné de toi-même, qui te fait rapporter à toi seul tout ce qui arrive autour de toi? Tu foules aux pieds ce qui est sacré pour la plupart des hommes; tu n'aimes, tu n'estimes que toi seul; il t'importe peu que tes semblables souffrent, pourvu que tes plaisirs ne soient pas troublés. Froid, insensible envers tout le monde, tu sacrifierais même tes proches au désir de satisfaire ton cœur endurci... »

Ces paroles glacèrent d'effroi l'insensible François; car jamais son père ne lui avait parlé d'une manière si sévère; jamais il n'avait employé à son égard de si dures menaces. Il s'éloigna et alla se renfermer dans sa chambre, où il donna un libre cours à ses pleurs.

Plût au Ciel que ces larmes eussent été celles du repentir ! On aurait pu alors croire à un retour sur lui-même ; mais ce n'était que des pleurs que lui arrachaient la rage et le ressentiment secret qu'il éprouvait contre son père, dont les sages leçons lui étaient insupportables.

« Il faut, se disait François, que papa ait eu aujourd'hui quelque sujet de mécontentement ; car il ne se serait pas aussi fâché contre moi pour de misérables papillons. »

Les enfants qui tiennent un semblable langage ne sont pas sur le chemin de la repentance; bien loin de là ; leur cœur s'endurcit de plus en plus, et ils regardent comme une injustice la réprobation qu'ils s'attirent par leurs fautes.

CHAPITRE IV.

Henri.

François, comme tous les égoïstes, avait le défaut de parler toujours de lui ; peu importait l'objet en question, il trouvait le moyen d'y glisser son insupportable *moi*, ce qui le rendait odieux à tous ses camarades. Ils se moquaient même parfois de lui, et, pour caractériser cette fatale habitude de n'entretenir les autres que de lui, ils l'appelaient Monsieur *Moi*. « Je fais cela de telle et telle façon, disait-il à ceux qu'il voyait occupés d'un travail ; j'apprends toujours très-vite mes leçons ; j'ai telle et telle habitude. » Ce qui le rendait insoutenable dans toutes les sociétés où il allait. Il ne fallait pas causer un quart d'heure avec lui pour reconnaître sur-le-champ que c'était un égoïste qui ne s'occupait que de lui et voulait que chacun l'admirât.

Il se croyait plus habile que qui que ce fût et avait une haute opinion de son esprit et de ses talents. Personne ne savait mieux que lui sauter, courir, déclamer, écrire, dessiner, etc. A l'entendre, il était un modèle de toutes les perfections humaines ; cependant il y avait parmi les jeunes garçons de son âge, dans la société desquels il allait, plusieurs d'entr'eux qui l'emportaient beaucoup sur ce petit présomptueux.

Un jour François alla avec ses parents et sa sœur rendre visite à une famille qui possédait une belle maison dans le voisinage. Ils y trouvèrent une nombreuse compagnie et beaucoup d'enfants qui étaient venus avec leurs parents pour jouir du plaisir de la campagne.

Il se trouvait parmi les jeunes garçons un jeune homme des Indes Occidentales, qui se faisait remarquer par une grande habileté dans tous les exercices du corps et par des manières fort originales. Il ne parlait qu'un mauvais allemand, parce que ses parents étaient Anglais. Depuis longtemps ils habitaient l'Amérique, où ils avaient hérité de nombreuses plantations ; mais ils étaient venus en Europe pour faire connaître à leur fils cette belle partie du monde.

Ils étaient amis intimes des personnes chez lesquelles se trouvaient François et sa famille et se proposaient de passer quelques semaines dans cette charmante campagne.

Henri plaisait à tout le monde par la vivacité de ses manières et par sa franchise ; il était surtout cher à ses nouveaux camarades par sa libéralité ; car il leur donnait une foule de jolies choses qu'il avait apportées, comme des coquillages, des graines rares, des oiseaux empaillés, des minéraux, etc.

On s'entretenait du jeune Américain quand François arriva : on vantait son adresse et son amabilité. François, suivant sa louable coutume, se mêla de la conversation, uniquement pour parler de lui.

« Allons, tu vas encore nous parler de

toi, lui dit Wilhelm, le fils aîné des personnes chez lesquelles sa famille était en visite ; tu ne peux t'empêcher d'avouer que Henri est un charmant garçon. Nous regrettons bien de ne pas pouvoir nous entretenir avec lui ; car il parle aussi mal allemand que nous mauvais anglais, de sorte qu'il n'y a pas moyen de nous entendre. Notre conversation est un misérable baragouin dont nous ne pouvons nous-mêmes nous empêcher de rire. Cependant je suis sûr que, si nous pouvions causer avec lui, il nous conterait sur son pays une foule de choses curieuses. »

« Vous n'êtes que des maladroits et des ignorants, répondit François, qui se figurait être de première force en anglais. Vous allez voir comme je vais me tirer d'affaire avec lui. »

Il s'approcha aussitôt de Henri, qui fut ravi de trouver quelqu'un avec qui il pût s'entretenir dans sa langue maternelle. Il s'engagea entr'eux une conversation dans laquelle François n'oublia pas de parler de lui, à un tel point, que le jeune Américain finit par se lasser de sa société, quand il vit qu'il n'avait affaire qu'à un jeune homme plein de vanité et d'égoïsme ; aussi ne tarda-t-il pas à chercher tous les moyens de s'en débarrasser, tant sa conversation était insipide.

Henri avait conduit François dans un cabinet qui lui avait été donné pour placer les curiosités qu'il avait apportées. Tout y était rangé et classé avec un ordre admirable. François dévorait des yeux les raretés que renfermait ce cabinet et ne songeait qu'au moyen de devenir possesseur de la plus grande partie de cette collection ; car il avait déjà entendu parler de la libéralité du jeune Américain. Craignant que Henri n'eût l'idée d'en donner à ses autres camarades, il commença à les noircir dans son esprit, en lui contant certaines particularités qui leur étaient défavorables. « Celui-ci, disait-il, à une tête de linotte ; ses parents n'ont jamais rien pu lui faire apprendre ; il a été chassé de toutes les pensions. Celui-là est un petit fat dont la société est ennuyeuse ; chaque fois qu'il ouvre la bouche, je ne puis m'empêcher de bâiller. Vous auriez bien tort,

Monsieur Henri, de donner de toutes ces belles choses à ce troisième ; il n'a de goût pour rien, et ne fera pas le moindre cas de vos cadeaux. Dans huit jours, il y en aura la moitié de perdue et l'autre de gâtée. » Un quatrième était si gourmand, qu'il changerait volontiers un rubis contre un morceau de gâteau ou une poignée de cerises. Chaque fois qu'il citait un des prétendus défauts de ses camarades, il avait grand soin d'ajouter : « Quant à moi, je ne suis pas comme cela. Vous pouvez sans crainte me donner des choses précieuses ; je m'entends à les conserver et à en faire usage. »

Henri, qui ne manquait pas de sagacité, voyant que François était un égoïste et un présomptueux, au lieu de lui donner la moindre chose, ferma ses caisses, sans même lui rien offrir. Il dit alors à François, qui était consterné, et pas assez maître de lui pour cacher sa mauvaise humeur : « Maintenant que nous avons tout vu, nous allons retourner vers nos camarades. »

« Oui, nous avons tout vu, se dit François ; mais tu ne m'as pas donné la moindre preuve de ta générosité si vantée. Tu n'es qu'un vieil avare, Monsieur l'Américain. » Comme cette pensée l'irritait encore plus contre Henri, il s'éloigna de lui, plein de mécontentement et de mauvaise humeur.

« Grâce au Ciel, j'en suis débarrassé, dit Henri quand il vit François s'éloigner. Jamais je n'ai vu jeune homme plus insupportable ; quel abominable caractère ! Non-seulement il est l'égoïsme personnifié, mais encore il est impitoyable envers les autres et les dénigre pour faire ressortir des qualités qu'il prétend à tort posséder. Pour se vanter, il ne craint pas de jouer le rôle méprisable de calomniateur. »

Henri alla se mêler à la foule joyeuse des jeunes garçons, qui l'entourèrent avec amitié ; car la franchise de son caractère leur plaisait beaucoup. Ils l'invitèrent à prendre part à leurs jeux ; ce à quoi il consentit. Quant à François, il ne voulut point jouer ; mais il alla d'un air boudeur s'asseoir dans un coin écarté et fit semblant de lire. Cependant il n'était rien moins qu'occupé de ce qu'il lisait. Ses regards se portaient sans cesse à la dérobée sur ceux dont il enviait en secret la gaîté et la bonne humeur.

Quand les jeux furent finis, Henri dit à ses jeunes camarades : « Maintenant, nous allons monter à ma chambre et visiter ma collection ; car il y en a, je crois, parmi vous, qui ne l'ont pas encore vue. »

« Volontiers, volontiers ! » s'écrièrent-ils tous à la fois.

« Allez, courez, imbéciles ! se dit François en voyant leur empressement ; vous croyez tout bonnement que ce méchant Caraïbe (c'est ainsi que dans sa mauvaise humeur il appelait Henri) va vous donner de ses curiosités ! Comptez-y, et vous reviendrez les mains vides ! C'est bien le plus grand avare que je connaisse ! »

François alla rejoindre la société, qui prenait le thé sous un ombrage de tilleuls. Il ne la quitta que quand la curiosité le poussa vers l'endroit d'où partaient les cris de joie de ses camarades, qui sortaient de la chambre de Henri.

CHAPITRE V.

Poor Master I.

FRANÇOIS s'était trompé sur le compte de Henri ; car il n'y avait pas un seul de ses camarades qui n'eût eu son petit présent. Chacun paraissait joyeux de son lot. Il n'y avait que lui qui n'eût pas eu part à la libéralité du jeune Américain ; aussi le haïssait-il du fond de son âme.

Au lieu d'attribuer cet affront à son mauvais caractère, il s'en prenait au donataire et se répandait tout bas en invectives contre lui. C'est ainsi que font les hommes égoistes et vains.

« Ce Henri, se disait-il, est un garçon

lourd et grossier, sans la moindre éducation; malgré ses seize ans, il est aussi ignorant qu'un enfant sortant du maillot. Je ne m'étonne pas que ma conversation savante et sérieuse l'ait ennuyé : il ne me comprenait pas ; la moindre des choses que je lui disais était au-dessus de sa portée. Il aime bien mieux les discours futiles de cette sotte marmaille, dont il gagne l'amitié au moyen de quelques misérables pierrailles ; et c'est pour me punir de ne m'avoir pas compris qu'il ne m'a pas jugé digne de sa munificence. Pauvre sot, va ! J'ai bien vécu jusqu'à présent sans tes cadeaux, et je puis bien m'en passer encore. »

C'est ainsi que raisonnait François pour se consoler de sa mauvaise fortune ; mais on pense bien qu'il n'était pas de bonne humeur. Il resta assis sur un banc assez distant de l'endroit où s'ébattait la troupe joyeuse. Tout-à-coup les joueurs se précipitèrent vers l'extrémité du jardin, et bientôt il entendit retentir les cris : « Bravo ! bravo ! c'est extraordinaire ! »

Il ne put résister au désir de savoir quel

était le sujet de ces exclamations. « Qu'est-ce qui se passe donc de si étonnant là-bas ? se dit-il. Il faut que je le voie. » Il se leva et se dirigea à pas précipités vers le lieu d'où partaient les cris.

Tous ses camarades étaient réunis au bord d'un large fossé qui formait les limites du jardin ; et, quand il arriva, il vit le jeune Américain qui, plein de confiance dans son adresse, sautait ce fossé avec aisance, quoiqu'il fût assez profond pour qu'un petit canot pût y naviguer. Il répétait ses sauts avec une légèreté incroyable. « Il est léger comme un écureuil, disaient les jeunes gens. Pas un de nous n'en pourrait faire autant. »

Plusieurs des convives, attirés par les cris de joie des enfants, vinrent les rejoindre, et Henri fut prié de donner de nouveau une preuve de sa légèreté. Jamais il ne manquait le but, et il retombait sur le sol avec un aplomb étonnant, qui prouvait que cet exercice lui était très-familier.

Les applaudissements accordés à un homme qu'il regardait comme son ennemi excitèrent au plus haut degré la jalousie de

François. Dans le fond de son cœur il sentait la supériorité de Henri ; mais son orgueil et sa vanité en étaient blessés. Après avoir plus d'une fois mesuré des yeux la largeur du fossé et vu l'aisance avec laquelle son rival le franchissait, il s'écria : « Comment pouvez-vous tant vous étonner de la légèreté de M. Henri et lui prodiguer une admiration si puérile ? Ce qu'il vient de faire ne présente pas la moindre difficulté. J'ai plus de vingt fois franchi des fossés plus larges et plus profonds que celui-là. »

Cette fanfaronnade fut accueillie par des cris d'incrédulité. «Allons, François, puisque tu es si habile, fais-nous le voir.»

« Oui ; montre-nous ton adresse, » lui dit un des amis de son père, qui n'était pas fâché de donner une petite leçon à ce jeune présomptueux, et qui savait que le fossé n'était pas assez profond pour qu'il courût le risque de se noyer. Il pensait qu'une petite humiliation rabattrait un peu la vanité de François. Vous voyez, mes enfants, que les égoistes et les présomptueux n'ont pas d'amis ; chacun, au contraire, semble armé contre eux. On aime à les voir humiliés ; les molestations qu'ils éprouvent sont un sujet de raillerie plutôt que de compassion. Il est vrai qu'on ne peut trop se tenir sur ses gardes contre des gens qui n'apportent dans la société que l'amour déréglé d'eux-mêmes et sont toujours prêts à sacrifier le bonheur d'autrui pour augmenter le leur.

Ce défi porté à François le fit alternativement rougir et pâlir. Il ne comptait pas que sa fanfaronnade aurait une telle issue ; il pensait, au contraire, que chacun s'empresserait de le détourner de ce dessein, et il y voyait la preuve d'un intérêt qui lui aurait fait plaisir. Point du tout ; une provocation formelle avait suivi ses paroles ; il fallait qu'il donnât des preuves de ce qu'il avançait ; et, malgré sa lâcheté naturelle, la vanité était si puissante chez lui, qu'il craignait moins de s'exposer à un malheur que de passer pour ridicule.

Il s'approcha du fossé et en mesura la largeur d'un air indécis. Cet examen fit chanceler sa résolution : il désespérait d'atteindre jamais l'autre bord.

« Eh bien ! François, lui dit un de ses camarades, tu te grattes l'oreille ! Il est vrai que le fossé est large ; mais il faut dire aussi que tu es un des plus fameux sauteurs du pays. Te souviens-tu que, quand nous jouions au *cheval fondu*, tu nous disais toujours de ne pas faire le gros dos ? »

« Tu as raison, disait un autre ; ce pauvre François n'est pas un adroit sauteur ; il a toujours l'air d'une alouette boiteuse qui se va traînant clopin clopant dans un sillon. »

« Je parie qu'il ne sautera pas ! » disait un troisième.

« Il sautera ! » disait un quatrième.

« Non, non, il ne sautera pas ! » disaient-ils tous en chœur.

« Si, si, je sauterai, répondit François avec colère, en se tournant vers les rieurs ; et parmi vous, messieurs les railleurs, il n'y en aura pas un qui puisse en faire autant. »

Une huée générale fut la réponse à ces paroles.

« Allons, saute, poltron ! » lui dirent-ils. Henri seul, le pacifique Henri, s'approcha de François et lui conseilla amicalement de ne pas sauter le fossé. « Ce fossé, lui dit-il, est un des plus larges que j'aie jamais franchis, et plus que vous j'ai l'habitude de cette sorte d'exercice. Dans mes fréquentes excursions dans l'intérieur de la Jamaïque, avec des nègres d'une agilité peu commune, j'ai eu l'occasion de me livrer à ce dangereux exercice; mais vous, Européens, qui marchez toujours sur un terrain plat, dont on semble avoir ôté jusqu'à la moindre pierre qui pourrait vous faire trébucher, comment voulez-vous rivaliser avec nous, hommes de la nature, qui avons toujours à lutter avec les difficultés ? »

Les paroles de Henri, loin de détourner François de son dessein, furent pour lui une incitation plus puissante que les sarcasmes de ses camarades. Une réflexion le portait encore à risquer le saut. « Si je ne saute pas, disait-il, chacun me montrera au doigt et se moquera de moi; si, au contraire, je réussis, chacun viendra me féliciter, et j'éprouverai le plaisir d'avoir humilié le Caraïbe, qui a l'air de traiter les Européens du haut de sa grandeur. »

Il fit alors écarter la foule, prit son élan et alla tomber juste au milieu du fossé, à l'endroit où l'eau était le moins profonde et la couche de vase le plus épaisse.

En le voyant disparaître, chacun poussa un cri d'effroi. Ceux qui l'avaient excité à sauter se reprochaient déjà leur imprudence. La pâleur était répandue sur tous les visages. Quant à Henri, qui avait autant d'humanité que de sangfroid, il ôta son habit et s'élança dans le fossé pour en retirer l'imprudent François.

« Poor Master I (pauvre Monsieur Moi), » il avait entendu ses camarades lui donner entre eux ce sobriquet et il le répétait dans sa langue, « il ne faut pas qu'il se noie. » Il attrapa par le collet de son habit le pauvre François, qui, étourdi de sa chute et tremblant d'effroi, se débattait dans la boue du fossé sans pouvoir reprendre pied.

Henri lui aida à se relever et à grimper le long de la berge. Couvert de confusion, tremblant de tous ses membres, il suivit son libérateur sans oser lever les yeux sur ses camarades, qui, le voyant hors de danger, souriaient malignement. Henri le conduisit dans sa chambre et, comme ils étaient à peu près de même taille, il lui donna de ses habits.

François se hâta de retourner à la maison et n'osa plus depuis se montrer au milieu de ses camarades. Il prétextait des maux de tête, quoiqu'il se portât fort bien, pour ne pas se trouver parmi des personnes qui avaient vu sa honte. Il lui fallut essuyer les reproches de ses parents, qui lui firent plus d'une réprimande sévère pour avoir eu la vanité d'entreprendre ce qui était au-dessus de ses forces.

Ils étaient intérieurement satisfaits de ce petit événement et espéraient que l'humiliation qu'avait éprouvée leur fils le corrigerait de sa vanité; mais ils se trompaient. François, qui ne pouvait se mettre dans l'esprit qu'il eût le moindre défaut, ne chercha jamais à travailler à son amélioration.

Il conserva longtemps le nom de Poor Master I, que lui avait donné le joyeux Henri. Ses camarades avaient trouvé ce nom si caractéristique, qu'ils n'auraient pu en choisir un meilleur. Avec un peu plus de cœur, François aurait dû mourir de honte; mais il accusait ses camarades d'injustice, concevait contre eux une haine véritable et ne voulait pas ouvrir les yeux sur ses défauts.

CHAPITRE VI.

Conclusion.

Après vous avoir montré François dans son enfance, il me reste, mes amis, à vous le faire voir devenu homme.

La bonne et douce Emilie trouva le sort qu'elle méritait. Elle était chérie et estimée d'un chacun, parce qu'il n'était pas de plus grand bonheur pour elle que de faire plaisir à ceux qui l'entouraient. Jamais un infortuné n'implorait en vain sa pitié. Elle savait en outre rehausser le prix de ses bienfaits par la grâce qui accompagnait ses dons. Celui qui recevait d'elle un présent ou un secours n'en était jamais humilié. C'était une récompense ou bien un prêt qu'elle faisait, et qui lui serait rendu dans de meilleurs temps ; aussi son nom était-il partout révéré.

Emilie n'était pas ce qu'on appelle une belle femme ; mais ses traits étaient réguliers et agréables, sa démarche gracieuse ; enfin, tout son extérieur annonçait la bonté de son cœur. Un homme d'un grand mérite, qui en entendit parler favorablement par la famille de l'infortuné Ferdinand, qui avait si misérablement péri par l'imprudence de sa bonne, éprouva le désir de la connaître ; dès qu'il la vit, il l'aima et demanda sa main, qui lui fut accordée. Walter (c'est le nom de son époux) s'estimait heureux de posséder une femme si accomplie ; car Emilie était le plus bel ornement de sa maison.

La baronne, qui avait été touchée de la sensibilité dont Emilie avait donné des preuves lors de la mort de son fils, s'était attachée à cette jeune fille, dont la société lui était devenue indispensable, et qu'elle regardait comme son propre enfant. Cette excellente dame mourut peu de temps après son époux et laissa à Emilie la plus grande partie de sa fortune ; elle ne pensait pas pouvoir la confier à de meilleures mains.

Il en fut autrement de François ; quand il eut atteint l'âge requis ; il entra chez un fort négociant pour y apprendre le commerce, et, après la mort de ses parents, il prit une maison à son compte. Il se croyait là dans sa véritable sphère ; car, en sa qualité de négociant, tous les chemins de la fortune lui étaient ouverts ; il pouvait à son gré acquérir des richesses ; car, dans la vénalité de son âme, il n'avait aucune estime pour la vertu ; l'or était le but unique de ses désirs. Pourvu qu'il amassât des richesses, il s'embarrassait peu si les moyens qu'il employait pour les acquérir étaient conformes aux lois de la sévère équité.

Dans le principe, la fortune parut lui sourire ; l'époque était favorable, et il amassa en peu de temps une fortune considérable ; mais la soif insatiable de l'or le fit se jeter imprudemment dans des entreprises de plus en plus grandes et périlleuses. Comme il avait des connaissances très-bornées, et que la sécheresse de son cœur avait éloigné tout le monde de lui, il ne comptait pas un seul ami qui pût lui donner des conseils salutaires. Aussi fit-il plus d'une fois de fausses spéculations, qui firent peu à peu disparaître les richesses qu'il avait acquises.

Il éclata alors une guerre qui fit espérer à François de rétablir promptement ses affaires ; il demanda les fournitures de l'armée qui était sur le point d'entrer en campagne. Son offre fut acceptée, et le gouvernement le chargea de la fourniture des vivres.

Il s'ouvrait pour François un vaste champ aux spéculations, et la perspective de nouvelles richesses vint exciter la cupidité de cet homme avide. Sans égard pour le bien-être des malheureux soldats, il achetait à vil prix des denrées de mauvaise qualité, ou même à demi gâtées, et les vendait un haut prix au gouvernement.

Pendant longtemps cet odieux trafic demeura caché, et François gagna de cette manière des sommes considérables. Enfin, la mauvaise qualité des vivres, qui augmentait de jour en jour, engendra dans le camp des maladies contagieuses, qui faisaient périr un nombre considérable de soldats. C'est ainsi que l'égoïsme uni à la plus basse cupidité rendit François homicide.

Cette désespérante mortalité éveilla l'attention des autorités militaires. On remonta à la source du mal, et l'on reconnut avec indignation qu'il provenait des vivres corrompus que François Haguenau avait livrés à l'armée.

Un mandat d'arrêt fut aussitôt décerné contre lui ; il fut jeté en prison ; la plus sévère enquête fut faite sur sa conduite, et François fut reconnu pour un vil imposteur, qui avait sacrifié ses semblables pour amasser des richesses.

La loi prononçait la peine de mort contre ce crime ; aussi François fut-il condamné au dernier supplice, et le monarque, qui était juste, mais sévère, confirma ce jugement.

Personne ne demanda pour François la commutation de sa peine ; car il n'avait pas un seul ami qui vînt le consoler dans son malheur : il avait tout sacrifié à la soif de l'or, et aucun de ses semblables n'avait joui de ses libéralités. François, au fond de son cachot, attendait de jour en jour l'instant du supplice et versait des larmes amères sur son sort; non pas qu'il se repentît de sa conduite; car ses malheurs ne l'avaient nullement changé, et s'il eût été libre et maître de ses actions, la crainte seule du châtiment l'aurait retenu d'entreprendre des spéculations si honteuses; mais son cœur n'en aurait pas été moins vil, ni moins dur. Dans cette horrible conjoncture, il trouva cependant une personne compatissante, à qui son sort n'était pas indifférent, et qui l'aimait encore malgré son indignité; la réprobation dont l'avait frappé la société n'avait pas changé son cœur, elle l'aimait toujours tendrement. Cette personne était la douce, la bienfaisante Emilie. Cette bonne sœur n'avait pas oublié que cet homme flétri par les lois était son frère, celui avec qui elle avait passé sa jeunesse et dont elle avait partagé les jeux.

Elle alla trouver le roi, se jeta à ses pieds et lui demanda en pleurant la grâce de son frère.

Ses larmes, sa réputation de sagesse et de bonté, qui était parvenue jusqu'au pied du trône, attendrirent le cœur du monarque.

« Levez-vous, Madame, lui dit-il avec émotion; levez-vous. Je consens à faire à votre indigne frère grâce d'une vie qu'il a souillée de tant de crimes; mais ne regardez pas cette grâce comme l'effet de la pitié qu'il m'inspire; car il s'est rendu indigne de ma clémence; c'est par égard pour vous et pour votre estimable famille que je consens à commuer sa peine.

« Cependant, comme votre frère est un ennemi de la société, et qu'il chercherait sans cesse à lui nuire pour satisfaire son insatiable cupidité, il faut le mettre hors d'état d'exécuter ses perfides desseins. Le devoir d'un bon prince est de veiller à ce que ses sujets ne deviennent pas la proie des hommes assez vils pour ne pas reconnaître et respecter la puissance des lois, et qui n'ont d'autre guide que la soif honteuse des richesses; par conséquent, je ne lui accorde la vie que pour le séquestrer à jamais de la société, avec laquelle il n'aura plus de relations.

« Comme il n'a jamais aimé personne, ni

eu la générosité de faire du bien à qui que ce fût, mais que sa vie n'a pas eu d'autre but que de satisfaire ses passions grossières, il n'est pas digne de vivre avec les hommes, et doit n'avoir à s'occuper que de lui. »

Cette sentence fut irrévocable; Emilie n'eut pas même la consolation de voir et de consoler son infortuné frère. Il fut, pendant le reste de sa vie, tenu au secret, sans qu'une âme vivante pénétrât jusqu'à lui.

Malgré la rigueur de ce châtiment, cet indigne égoïste ne méritait-il pas son sort?

FIN DE L'ÉGOISTE.

BELLE ET LAIDE

OU

LES DEUX SŒURS.

CHAPITRE PREMIER.

Les deux Sœurs.

Rosalie, jeune fille de quatorze ans, était devant son miroir et regardait avec complaisance son visage gracieux et ses beaux cheveux qui tombaient en longues boucles sur ses épaules plus blanches que la neige. Aucune de ses compagnes ne l'égalait en beauté; aussi Rosalie savait-elle qu'elle était belle, et s'en faisait gloire.

« T'habilleras-tu enfin ! » lui demanda sa sœur Léopoldine, qui n'avait pas ainsi que Rosalie l'avantage de la beauté, et qui, par cette raison, était bien moins longtemps qu'elle à sa toilette. « J'ai bientôt achevé ma robe, » continua-t-elle en achevant de poser le corsage à une robe à laquelle elle travaillait assidûment depuis plusieurs jours.

« Ma pauvre Léopoldine, lui dit Rosalie d'un air dédaigneux, je ne sais où tu as eu les yeux de choisir une robe de si mauvais goût ! Cette couleur n'est pas à la mode ; ce dessin est lourd et sans grâce. Jamais je n'oserais sortir avec une telle robe, quoique cependant la mienne ne soit guère plus belle, » continua-t-elle en soupirant.

« Qu'avons-nous besoin d'être plus richement et plus élégamment vêtues ? lui répondit Léopoldine. Nos vêtements sont simples, mais propres ; que veux-tu de plus ? Nous voyons si peu de monde ! »

« Jamais tu ne tiens un autre langage ; il semble, parce que tu n'aimes pas la toilette, que personne ne doive l'aimer. Tu es encore plus sévère envers moi qu'envers qui que ce soit. Est-ce un si grand mal d'aimer à être vêtue d'une manière convenable? Je rougirais de paraître dans le monde si j'étais mise d'une manière aussi négligée que toi. »

« Ma chère Rosalie, tu peux avec raison te rappeler ce que je t'ai dit au sujet de ton amour excessif de la toilette ; car je te l'ai répété assez de fois. Je désirerais que tu profitasses mieux de mes leçons. »

« Tes leçons ! lui répondit Rosalie d'un air ironique, tes leçons ! depuis quand dois-je en recevoir de toi, sermonneuse éternelle? J'ai entendu dire à Mme de Soltau, qui est certainement une femme de sens, et réputée pour son bon goût, que les égards qu'on a pour nous sont en proportion de la recherche de notre mise ; et cela est très-vrai ; car les personnes mises avec trop de simplicité sont généralement regardées avec dédain et passent pour des gens mesquins. »

« Je crois que l'on peut fort bien se passer de l'estime des gens qui ne font attention qu'à l'extérieur ; quant à moi, j'y tiens fort peu. »

« Tu as de bonnes raisons pour cela, » lui

répondit sa sœur avec dépit ; car la vanité avait déjà endurci son jeune cœur, et elle ne craignait pas de blesser sa jeune sœur.

« Je sais que tu veux dire que je ne suis pas belle, lui répondit Léopoldine avec une douceur et une résignation qui faisaient grand honneur à une jeune fille de treize ans ; je le sais ; car mon miroir me le dit tous les jours ; mais ne crois pas que j'en sois plus malheureuse. »

« Tu as de la philosophie, c'est très-louable à toi. Quand je t'entends parler de la sorte, je ne puis m'empêcher de penser au renard et aux raisins : il les trouvait trop verts, parce qu'il ne pouvait pas y atteindre. Allons, cessons tous ces débats inutiles et hâte-toi de t'habiller ; car il sera bientôt temps de descendre au salon. »

« Les convives ne doivent arriver que dans une heure, et quand j'aurai fini ma robe je travaillerai au trousseau de la fille de la pauvre veuve qui demeure dans notre maison ; car la pauvre enfant n'a pour s'habiller que des haillons qui la défendront à peine des rigueurs de l'hiver. »

« Tu as bien le temps de t'en occuper ! Ce jour est pour nous un jour de fête. Quant à moi, je serais bien fâchée de toucher à une aiguille. »

« Je travaillerai encore pendant trois quarts d'heure, puis je commencerai ma toilette ; dix minutes me suffiront pour être prête. »

« Fais ce que tu voudras ; il n'y a pas moyen de te faire entendre raison. »

Rosalie resta quelque temps encore devant son miroir, tournant la tête tantôt à droite, tantôt à gauche, afin de voir si sa frisure était en ordre, et, quand elle eut terminé sa toilette, elle descendit dans le salon pour attendre les convives, tandis que Léopoldine travaillait assidûment.

CHAPITRE II.

La Confidence.

« O mon Dieu ! comme tu es belle ! dit à Rosalie son frère Gotfried, quand il la vit s'asseoir avec prétention sur un sopha et témoigner de l'impatience de ce que les convives n'étaient pas encore arrivés. Quand nous attendrions quarante convives, tu ne te serais pas parée avec plus de soin ; cependant nous ne recevrons qu'un seul ami de notre père, avec sa femme et ses deux filles. Je crois, ma pauvre Rosalie, qu'avec tes rubans, tes perles et ton faux peigne d'or, tu feras une pauvre figure ; car la famille Sarnen a des goûts tout simples, quoiqu'elle ait une grande fortune. »

« Et vous, petit impertinent, vous ferez une sotte figure, avec vos observations déplacées ; dorénavant, mêlez-vous de vos affaires et non des miennes, lui répondit Rosalie avec impatience. Croyez-vous que je voudrais, ainsi que vous, paraître en société avec des vêtements aussi en désordre que les vôtres? Si vous continuez à m'obséder de la sorte, je m'en plaindrai à papa et je vous ferai donner une bonne correction. »

« Oh! oh! tu prends la chose au sérieux, lui répondit le petit espiègle en faisant une pirouette; mais cela n'empêche pas que je sais ce que j'ai entendu dire de toi, il y a quelques jours. »

« Mon petit Gotfried, tu sais que je t'aime bien : dis-moi, je t'en prie, ce que tu as entendu dire, » lui demanda Rosalie avec curiosité.

« Je ne suis pas un petit sot, quand tu veux obtenir quelque chose de moi. Eh bien! écoute, je vais te le dire; mais songe bien que ce n'est pas moi qui parle. « Cette petite Rosalie, disait-on, est une coquette, bien fière de son joli visage; mais elle devient chaque jour plus insupportable; la beauté sans affabilité est un mal plutôt qu'un bien. » Quoique l'on parlât bien bas, j'ai tout entendu. »

« Il n'y a que des sots ou des gens bien laids qui puissent tenir un pareil langage. Ces sortes de gens sont toujours envieux, » lui répondit Rosalie en se mordant les lèvres avec dépit.

« Ce sont des gens qui ne sont ni sots ni laids, mais des personnes dont l'opinion est d'un grand poids pour toi. »

« Je t'assure que le jugement que ces gens portent sur mon compte m'est parfaitement indifférent, et je n'ai pas besoin de savoir quels sont ceux qui s'expriment d'une manière si désobligeante. Pourtant, tu peux me dire comment ils s'appellent; je te donne ma parole que je ne le dirai à personne. »

« Ce sont... Mais je te le dirai une autre fois; car j'entends une voiture entrer dans la cour, et je suis sûr que ce sont nos convives. » En disant ces mots, Gotfried sortit du salon et laissa Rosalie fort intriguée de la confidence ; car, malgré l'indifférence qu'elle affectait, les louanges ou le blâme d'autrui l'occupaient beaucoup : sa vanité était si grande, qu'elle voulait être aimée et admirée de tout le monde.

CHAPITRE III.

L'Amabilité l'emporte sur la Beauté.

Les étrangers attendus par l'impatiente Rosalie entrèrent dans le salon avec le jeune Gotfried. Elle ne les connaissait pas encore ; mais elle en avait entendu parler d'une manière favorable par son père. C'était la famille de Sarnen, qui jouissait dans la ville d'une réputation justement méritée.

La simplicité de leur mise étonna Rosalie, qui savait que c'était une des plus riches familles de tout le pays. Les deux demoiselles de Sarnen, l'une âgée de douze ans et l'autre de quinze, étaient aussi jolies que modestes, et leurs vêtements étaient de bon goût, mais sans recherche ; au lieu de perles et de diamants, elles n'avaient dans les cheveux qu'une simple fleur.

Mme de Sarnen, dont les traits étaient pleins de noblesse et de dignité, paraissait avoir été fort belle dans sa jeunesse ; elle était mise aussi simplement que ses filles. La pauvre Rosalie se trouvait par conséquent déplacée au milieu d'une telle société, avec la brillante toilette et les bijoux dont elle était chargée ; aussi paraissait-elle fort confuse.

« Quelle est cette jeune dame ? » demanda tout bas Mme de Sarnen à la mère de Rosalie, en lui désignant cette dernière.

« Madame, c'est ma fille aînée, lui répondit Mme Steinthal ; permettez-moi de vous la présenter. »

Rosalie, qui avait entendu les dernières paroles de sa mère, crut que Mme de Sarnen répondrait, comme la plupart des étrangers auxquels elle était présentée : « Vous avez une fille charmante ; je vous en fais mon compliment. » Mme de Sarnen avait trop de sens pour tenir un semblable langage ; elle savait trop bien que les louanges inconsidérées font la perte des jeunes filles, en leur inspirant une vanité à laquelle elles ne sont souvent que trop portées. Mme de Sarnen lui adressa quelques paroles bienveillantes, mais sans lui faire le moindre compliment; ce qui décontenança Rosalie, qui regardait les éloges qu'on lui adressait comme un tribut dû à sa beauté.

Léopoldine entra en ce moment dans le salon ; elle avait terminé son travail et en peu de temps achevé sa toilette, qui était aussi simple que celle de sa sœur était recherchée.

L'application avec laquelle elle avait travaillé, la joie que lui causait l'achèvement d'un ouvrage destiné à secourir un malheureux, avaient donné à son visage, qui n'était rien moins que beau, une expression de contentement qui ajoutait à son amabilité naturelle. Elle plut à tout le monde, et, au bout de peu de temps, Emma et Clotilde, les filles de Mme de Sarnen, firent avec elle parfaite connaissance. Sa conversation était agréable et facile ; elle ne cherchait pas à y briller, mais plutôt à dire des choses qui pussent plaire à ceux avec qui elle conversait. Tandis que toutes trois semblaient les meilleures amies du monde, la pauvre Rosalie était à quelque distance de là, ne prenant aucune part à leur conversation, et paraissait toute déconcertée du froid accueil fait à sa personne et à sa parure.

Ses réflexions étaient peu favorables aux nouveaux venus. « Je vois bien, se disait-elle, que ces gens, dont mes parents ne parlent jamais sans en faire les plus grands éloges, ne méritent pas les honneurs qu'on leur rend. Ils sont vraiment dépourvus de toute espèce de goût et d'urbanité. Leurs filles sont également de petites mijaurées qui s'amusent du babil enfantin de ma sœur, qui n'a dans la tête que des idées triviales et domestiques. Ces demoiselles semblent me dédaigner, parce qu'elles sentent combien je suis au-dessus d'elle par le goût de ma parure et la grâce de ma personne ; c'est une sorte d'hommage que je dois à leur jalousie. » En faisant ces réflexions, qui ne lui étaient suggérées que par le dépit, Rosalie sentait sa poitrine se gonfler et un soupir près de s'en échapper ; mais elle le comprimait bien vite, pour qu'on ne s'en aperçût pas.

« Veux-tu descendre avec nous dans le jardin, » lui demanda sa sœur, qui s'apercevait de l'embarras de sa position.

« Non, je reste ici. Le temps menace, et je craindrais que la pluie ne gâtât ma robe neuve. »

Les deux sœurs sourirent en entendant Rosalie parler de la sorte. Elles prirent Léopoldine par le bras, et toutes trois descendirent dans le jardin, où elles goûtèrent un tel plaisir, qu'elles ne rentrèrent que lorsque la cloche les avertit que l'heure du dîner était arrivée. Pendant leur absence, Rosalie s'était mortellement ennuyée ; elle se serait même endormie, si les signes fréquents de sa mère ne l'eussent avertie de l'inconvenance d'une telle conduite. Elle lutta donc pendant deux heures entières contre l'ennui ; car la conversation roulait sur des sujets sérieux, qui étaient d'autant moins à sa portée que la frivolité de ses goûts l'avait empêchée de se livrer à l'étude.

« Allons, je vois avec plaisir que voilà de nouvelles amies, » dit Mme de Sarnen en souriant, quand ses deux filles et Léopoldine rentrèrent dans le salon en se tenant par la main.

Emma s'approcha de sa mère et lui dit à l'oreille : « Je t'assure, maman, que Léopoldine est bien aimable ; elle est si bonne, si prévenante, que j'aimerais à avoir une telle amie. Elle a beaucoup d'esprit et cependant bien peu de vanité. »

Clotilde, qui s'était approchée, dit à la baronne : « Maman, tu nous laisseras venir souvent, n'est-il pas vrai ? car nous nous sommes bien diverties. Léopoldine ne me traite pas en petite fille ; elle joue avec moi tout aussi bien qu'avec ma sœur. »

« Oui, oui, mes enfants, leur dit sa mère ; mais il ne faut pas avoir l'air de négliger la sœur aînée ; pourquoi n'y faites-vous donc pas attention ? »

« Elle paraît trop mijaurée, dit Emma ; quand nous lui avons proposé de descendre avec nous au jardin, Mademoiselle a refusé, parce qu'elle craignait de gâter sa belle robe et de défriser ses beaux cheveux. Elle ne me plaît pas du tout. »

« Elle est pourtant bien belle ; car jamais de ma vie je n'ai vu une plus jolie personne, » lui répondit sa mère.

« Peu m'importe sa beauté, ce n'est qu'une jolie poupéc ; car elle ne parle pas, ne remue pas ; il semblerait qu'elle ne soit là que pour faire voir sa jolie figure et étaler ses beaux atours ; tu penses, chère maman, qu'il est impossible qu'elle plaise à qui que ce soit. »

« Ma chère Emma, je suis loin d'approuver l'air prétentieux de Rosalie et son amour pour la parure ; mais je ne me permettrais pas, ainsi que toi, de porter sur elle un jugement si défavorable. Avant de se prononcer, ma fille, il faut avoir attentivement observé. Ne crois-tu pas que cela vaut mieux quc dc s'cxposer au danger de porter un jugement précipité ? »

Cette douce représentation de Mme de Sarnen fit rougir Emma, qui, pour réparer sa faute, se mit à table à côté de Rosalie, et non pas, ainsi qu'elle l'aurait désiré, à côté de sa chère Léopoldine. Mme de Sarnen, satisfaite de cette action, lui en fit compliment par un léger signe de tête.

Pendant tout le repas, il lui fut impossible de tenir conversation avec Rosalie ; ce qui n'était guère propre à la faire revenir de sa prévention contre elle. Mais Rosalie ne savait parler d'autre chose que de laideur ou de beauté. Sa conversation roulait perpétuellement sur ses jeunes amies, sur lesquelles elle portait un jugement favorable, si elles étaient douées d'une jolie figure, et qu'elle critiquait de la manière la plus acerbe, si la nature ne les avait pas favorisées sous le rapport de la beauté. L'insipidité de ses discours fit perdre patience à Emma, à qui le dîner sembla d'une longueur horrible ; elle désirait vivement qu'on sortît de table, pour être débarrassée de son ennuyeuse voisine.

M. de Sarnen chercha même en vain à s'entretenir avec Rosalie ; il s'aperçut bientôt, aux réponses de cette jeune fille, qu'elle était d'une profonde ignorance. Il s'adressa alors à Léopoldine, dont les réponses, à la fois pleines de bon sens et de modestie, le ravirent.

La soirée se passa de la même manière,

Léopoldine en eut tous les honneurs; la famille de Sarnen fut pleine d'attention pour elle, tandis que les honnêtetés qu'elle fit à Rosalie étaient uniquement l'effet de la bienséance. Quand elle prit congé de M. Steinthal, elle invita Léopoldine et sa sœur à les venir voir; mais cette invitation s'adressait surtout à la première, qui les en remercia avec la plus aimable modestie, tandis que la belle et dédaigneuse Rosalie, piquée des égards qu'on avait eus pour sa sœur, leur répondit par un froid remercîment.

La famille de Sarnen était à peine hors de la cour, que Rosalie manifesta le désir de se retirer dans sa chambre, sous le prétexte d'un grand mal de tête; mais c'était pour pleurer à son aise du dépit que lui causait le peu d'attention qu'on avait paru faire à sa beauté et à sa brillante parure. Elle s'en prit à la pauvre Léopoldine, qui eut beaucoup à souffrir de la mauvaise humeur de sa sœur aînée.

CHAPITRE IV.

Mieux vaut quelquefois Laideur que Beauté.

« Maman, dit Clotilde, quand toute la famille de Sarnen fut rentrée, comment se fait-il que Léopoldine me plaise mieux que sa sœur, bien que cette dernière soit bien plus jolie qu'elle ? »

« Avec un peu de réflexion, tu devineras toi-même, ma chère fille, pourquoi l'une des deux sœurs te plaît mieux que l'autre. »

« C'est vrai, répondit-elle ; Léopoldine est bien plus aimable que Rosalie, quoique toutes deux aient reçu la même éducation, et que Rosalie soit l'aînée. »

« Tu ne te rends pas un compte exact de

la cause qui te fait préférer Léopoldine à sa sœur. Rosalie croit, parce qu'elle est belle, n'avoir besoin de rien autre chose pour plaire ; c'est une erreur commune à toutes les belles personnes : c'est pourquoi elles ne se donnent aucune peine pour acquérir des qualités aimables ; chez elles l'extérieur est tout. Cependant, ma chère Clotilde, la bonté du cœur et les grâces de l'esprit ajoutent de nouveaux charmes à la beauté et rendent la laideur aimable. Quand la jeunesse s'évanouit, les femmes d'une grande beauté perdent leur éclat, et, si elles n'ont pas eu soin d'orner leur esprit, elles voient s'éloigner d'elles ceux qui naguère s'empressaient de leur plaire. La femme laide a, sous ce rapport, un grand avantage sur celle qui est belle ; comme elle est dépourvue de charmes extérieurs, elle cherche à acquérir des qualités solides qui fassent rechercher sa société. Pour en revenir à Rosalie, elle est dans ce cas : occupée sans cesse de sa parure, elle est indifférente pour tout le reste ; c'est, en un mot, une belle statue. »

« Je ne sais pas, maman, pourquoi Rosalie paraît toujours de mauvaise humeur, dit Emma; rarement le sourire est sur ses lèvres. On la croirait sans cesse occupée du soin d'empêcher que ses beaux vêtements ne soient froissés ou que sa coiffure perde de sa régularité. Elle serait bien plus belle si elle était aussi enjouée que sa sœur. Quand son père parla de musique et de littérature, quoiqu'elle ait appris toutes ces choses, elle ne chercha pas à glisser un seul mot dans toute la conversation, et ne paraissait même pas y faire attention. J'ai remarqué que, quand papa lui adressa une question sur un point d'histoire généralement connu, elle rougit, baissa les yeux et ne répondit pas; ce qui semblerait annoncer qu'elle est aussi ignorante qu'elle est belle. Léopoldine est bien différente; elle répond avec assurance à toutes les questions qu'on lui adresse; et jamais l'on ne pourrait croire que les deux sœurs ont eu les mêmes maîtres. »

« J'aime à voir, mes chères filles, dit Mme de Sarnen à Clotilde et à Emma, que vous ayez donné la préférence à celle qui en est véritablement digne. La figure de Léopoldine respire la franchise et l'esprit; on remarque chez elle, malgré son jeune âge, une maturité peu commune, et qui fait prévoir ce qu'elle sera un jour. C'est là la véritable beauté, celle que l'on doit rechercher lorsqu'on est pénétré de l'amour du bien et du beau. Il n'y a que les insensés qui estiment uniquement les avantages extérieurs et attachent du prix à la beauté dont est si fière la dédaigneuse Rosalie. Ce sera dans quelques années que vous pourrez apprécier la différence qui existe entre les deux sœurs. Quand l'âge aura détruit la beauté de Rosalie, sans donner à son esprit les ornements qu'elle a négligé d'acquérir, Léopoldine sera parvenue à la maturité de sa raison et sera plus encore qu'aujourd'hui préférée à sa sœur. »

CHAPITRE V.

Quand le Cœur est endurci par l'Orgueil, les Conseils sont inutiles.

Emma et Clotilde ne tardèrent pas à devenir les voisines des deux sœurs ; car M. de Sarnen, qui désirait depuis longtemps s'éloigner du tumulte des affaires publiques, acheta une propriété tout à côté de celle de M. de Steinthal, dont il était l'ami. Les deux familles purent alors se visiter fréquemment ; il ne se passait même pas un seul jour sans que leurs enfants se réunissent.

Les filles de M. de Sarnen et Léopoldine furent bientôt unies par la plus étroite amitié, au point de ne former, comme on dit, qu'un corps et qu'une âme. Cette liaison fit grand plaisir à leurs parents ; car M. et Mme Steinthal aimaient autant les filles de M. de Sarnen, que M. et Mme de Sarnen chérissaient Léopoldine.

Mme de Sarnen, qui avait reçu une brillante éducation et qui était une femme du plus grand mérite, contribuait elle-même à l'instruction de ses chères filles et leur donnait chaque jour des leçons qu'elle savait rendre à la fois utiles et agréables. Comme elle avait remarqué dans Léopoldine les dispositions les plus heureuses, elle l'invita à assister à ses leçons ; ce que cette dernière accepta avec autant de plaisir que de reconnaissance.

Nous ne parlons pas ici de Rosalie, parce qu'elle n'allait que rarement chez la famille de Sarnen ; encore fallait-il, pour ainsi dire, la contraindre à leur faire visite ; car cette belle prétentieuse avait été si vivement piquée de la froideur de leur premier accueil et de l'amitié que chacun d'eux semblait porter à Léopoldine, qu'elle leur avait voué une véritable haine. Comme sa société était fort ennuyeuse, on ne l'invitait que par politesse, et jamais on ne réitérait une invitation. Bientôt elle vit s'ouvrir pour elle une autre maison où elle trouva un accueil qui flatta sa vanité; c'était celle de Mme de Bergen, dont la propriété était également voisine de celle de ses parents. Quoique M. Steinthal ne la vît pas aller avec plaisir dans la maison de cette dame, il n'eut pas la force de lui défendre entièrement une fréquentation qu'il jugeait intérieurement devoir lui être nuisible.

Mlles de Bergen avaient été élevées dans un pensionnat à la mode, où elles avaient puisé, comme un poison, un amour désordonné pour le luxe et la toilette. Sans cesse devant leur miroir, elles ne s'occupaient que de toilette, de bals et de divertissements; elles n'aimaient que ce qui flatte les yeux et étaient tellement ignorantes des choses les plus communes, que le moindre paysan eût rougi de n'en pas savoir plus qu'elles.

Ce fut dans cette société que se trouva Rosalie; elle y était dans sa sphère; car ses jeunes et imprudentes amies ne cessaient de lui répéter qu'elle était belle, et qu'il n'en fallait pas davantage pour plaire. Elle rentrait chez son père l'esprit encore tout plein de ces dangereuses flatteries, et ne rêvait plus que toilette et parure. C'était en vain que Léopoldine lui faisait de sages remontrances et lui représentait le danger qu'il y avait pour elle de prêter l'oreille à des discours si insensés, et qui pouvaient causer sa ruine. Rosalie ne daignait même pas écouter les conseils de sa sœur, qu'elle appelait ironiquement la petite moraliste; et chaque fois que Léopoldine ouvrait la bouche pour lui donner un conseil, Rosalie lui tournait le dos et la quittait.

Bientôt la mésintelligence qui régnait entre les deux sœurs devint plus grande, sans que Léopoldine, qui était un modèle de bonté et de douceur, en fût cause le moins du monde. Elle répandait souvent des larmes sur l'éloignement de sa sœur pour elle et sur l'endurcissement de son cœur; mais cela ne l'empêchait pas de l'aimer toujours tendrement. Rosalie, qui avait tant de fois exprimé le désir d'être délivrée de la tyrannie insupportable de sa sœur (c'est ainsi qu'elle appelait les sages conseils de la douce Léopoldine) le vit enfin exaucé. M. le baron de Sarnen partait pour un voyage en Italie, qu'il projetait depuis longtemps, dans le but de perfectionner l'éducation de ses filles. Comme il aimait Léopoldine à l'égal de ses enfants, il demanda à ses parents la permission d'emmener avec lui cette charmante fille. Il leur représenta l'avantage qui en résulterait pour elle, et n'eut pas de peine à obtenir leur consentement. M. et Mme de Steinthal auraient bien désiré que Rosalie fît ce voyage ; mais, comme elle avait toujours fui la maison de Sarnen, il n'y fallait pas penser ; aussi n'en parlèrent-ils pas à M. de Sarnen.

Léopoldine avait atteint sa seizième année et était, sous le rapport de l'esprit, une femme accomplie. Elle vit avec plaisir les préparatifs d'un voyage qu'elle désirait depuis longtemps en silence ; car sa modestie était si grande, qu'elle n'aurait jamais osé demander à ses parents de la laisser partir avec ses jeunes amies, en sachant qu'il était impossible que sa sœur les accompagnât.

L'instant du départ faisait néanmoins battre son cœur ; elle allait pour la première fois se séparer de sa famille qu'elle aimait tendrement, et cette pensée faisait couler ses larmes ; cependant l'idée que sa sœur restait près d'eux la consolait.

Quelques jours avant son départ, voyant Rosalie plus disposée que de coutume à l'entendre, elle la conjura de s'éloigner de la pernicieuse société des demoiselles de Bergen, dont la frivolité était si généralement blâmée. Cette fois, Rosalie ne se contenta pas de répondre avec froideur à ses sages avis ; mais elle lui reprocha durement de calomnier ses amies, qu'elle regardait comme les seules personnes au monde qui s'intéressassent à elle et qui l'aimassent sincèrement.

« O Rosalie ! s'écria Léopoldine en répandant des larmes, comment peux-tu à ce point méconnaître mes intentions ! Je ne veux point calomnier Mlles de Bergen, que je regarde comme très-malheureuses, et que je voudrais qu'il fût en mon pouvoir de rendre plus sensées ; mais je t'exprime la crainte que j'éprouve qu'elles ne t'entraînent dans leur ruine et ne détruisent ton avenir. Déjà, par leurs conseils, elles ont endurci ton cœur; déjà elles ont répandu entre nous le germe de la discorde; depuis longtemps, ô ma sœur ! je n'ai entendu de toi un seul mot d'amitié. Jamais tu n'as pour moi que des paroles fières et hautaines. Comment n'as-tu pas vu que tu devrais fuir celles qui avaient assez peu de générosité pour tourner en ridicule une sœur à laquelle la nature a refusé la beauté? et comment as-tu pu, sans que ta conscience te le reprochât, avoir la faiblesse de prendre part à leur ironie? Ne crois pas que leurs paroles m'aient blessée; car j'y suis insensible; mais j'eusse aimé à te voir prendre ma défense. Cette conduite de ta part m'eût prouvé qu'elles n'avaient pas changé ton cœur. Plût au Ciel, Rosalie, que tu n'attachasses pas plus de prix que moi à un bien passager qui fait souvent le malheur de notre vie ! tu serais plus tranquille, et tant d'amertume n'empoisonnerait pas ta jeunesse. »

« Je ne comprends rien à vos reproches, lui répondit Rosalie rouge de honte et de colère ; quand même, vous choisissez fort mal votre temps ; car je suis peu disposée à entendre cette répétition éternelle des mêmes choses. Je sais mieux que vous ce que j'ai à faire.. Mêlez-vous de ce qui vous regarde, et nullement de moi ; c'est ce à quoi je vous invite pour la dernière fois. »

Léopoldine partit en sanglotant, plus convaincue que jamais qu'il n'était plus d'amélioration possible pour sa sœur.

CHAPITRE VI.

La Beauté ne suffit pas toujours au bonheur d'un Époux.

Il y avait un an que Léopoldine était absente, lorsqu'un jour on reçut, à Estens, une lettre de M. de Sarnen. Elle plongea tout le monde dans le plus grand étonnement et remplit d'envie le cœur de Rosalie. Par cette lettre, M. de Sarnen priait M. et Mme Steinthal de consentir au mariage de leur fille Léopoldine avec son fils Auguste, qui était en voyage depuis plusieurs années et les avait rejoints à Naples, pour revenir en Allemagne avec eux.

« Tous d'eux s'aiment, disait M. de Sarnen en terminant sa lettre; tous deux sont dignes l'un de l'autre. Nous vous verrions avec plaisir donner votre consentement à une union qui fera à la fois le bonheur de nos deux enfants. »

On pense bien que les parents de Léopoldine ne firent aucune difficulté pour consentir au mariage de leur fille avec un jeune homme qui était non-seulement riche et aimable, mais encore doué des qualités les plus heureuses et des talents les plus distingués.

Les fiançailles furent célébrées à Naples, et deux mois après nos voyageurs revinrent tous en Allemagne. Je ne parlerai pas du bonheur de Léopoldine ; car elle pouvait estimer son mari autant qu'elle l'aimait et en était aimée.

Rosalie, pour se consoler du mariage de sa sœur, disait souvent à ses folles amies : « Je suis sûre que le fiancé de ma sœur est un véritable épouvantail, un monstre de laideur et de difformité ; car, riche et noble comme il est, il n'aurait pas épousé une femme aussi laide que Léopoldine. »

« Je parie que ce petit fiancé, répondait Charlotte, a une bosse par-devant et l'autre par-derrière, comme un polichinelle, ou plutôt comme Riquet-à-la-Houpe, et qu'il est marqué de petite-vérole. Sans cela, je déclare que ce n'est qu'un sot ou un fou de s'être amouraché d'un laidron comme ta sœur. »

« Et pour achever de l'embellir, je parie qu'il boite, dit Joconde, ou peut-être même qu'il n'a qu'une jambe. O mon Dieu ! comme nous rirons de ce pauvre couple ! Nous profiterons toujours de ce mariage ; car il nous donnera l'occasion de nous égayer à peu de frais. »

Nos voyageurs arrivèrent enfin à Sarnen-Hohe (c'est ainsi que s'appelait la propriété de M. de Sarnen), et Auguste s'empressa d'aller le jour même présenter ses respects à M. et à Mme Steinthal. Quand Rosalie le vit, elle fut sur le point de s'évanouir de dépit ; car M. de Sarnen fils était le plus bel homme qu'elle eût jamais vu.

« Comment est-il possible qu'un si bel homme ait choisi pour épouse une femme aussi laide que Léopoldine ? » répétait-on avec étonnement dans le cercle des frivoles amies de Rosalie.

« Il faut, disait l'une, qu'on lui ait jeté un sort; car sans cela il n'eût jamais fait une telle sottise. »

« Il a sans doute perdu l'esprit, » ajoutait une seconde, et chacune d'elle exprimait la surprise que lui causait l'heureux sort de Léopoldine; mais sous leur ironie se cachaient l'envie et le dépit, quoique chacune d'elles s'efforçât de cacher le sentiment de jalousie qui la faisait parler de la sorte. En effet, des femmes si vaines de leur beauté, et n'attachant de prix qu'aux avantages extérieurs, ne pouvaient pas supposer qu'il fût possible qu'un homme pût concevoir de l'attachement pour une personne à laquelle la nature a refusé ses dons. A leurs yeux, la vertu, la modestie, l'instruction n'étaient que des qualités de minime importance, parce qu'elles sont cachées et ne frappent pas aussi agréablement les yeux qu'une jolie figure, une tournure gracieuse ou une belle main.

Auguste de Sarnen n'était ni ensorcelé, ni fou; c'était un jeune homme plein de bon sens et d'esprit, qui était bien loin de choisir une femme pour épouse à cause de sa beauté.

Les aimables vertus de Léopoldine, sa candeur, sa douceur, sa modestie et ses talents avaient décidé de son choix ; il avait résolu d'en faire la compagne de sa vie. Ce jeune homme était du petit nombre de ceux qui préfèrent une belle âme à un beau corps ; il savait que la beauté est un bien périssable, tandis que la vertu et l'amabilité résistent à la puissance destructive des ans.

Comme rien ne s'opposait à l'union des deux jeunes gens, qui chaque jour s'aimaient et s'estimaient davantage, ils ne tardèrent pas à devenir époux. Le bonheur pur dont ils jouissaient faisait la joie de la famille de Sarnen, qui bénissait chaque jour l'heure qui avait vu Léopoldine entrer dans leur maison, dont elle était devenue le plus bel ornement.

Ils étaient fiers de leur belle-fille, qui était adorée de ceux qui la connaissaient, et fiers de leur fils, qui avait su reconnaître tout le prix d'une telle épouse.

CHAPITRE VII.

La Beauté ne fait pas le Bonheur.

Il ne reste que peu de chose à dire sur Rosalie. Le mariage de sa sœur avec Auguste de Sarnen avait fait à son cœur envieux une si profonde blessure, que jamais elle n'en put guérir. Elle mettait toute son ambition à faire un mariage aussi brillant et plus brillant encore que celui de Léopoldine. Elle eût été fière d'avoir pour époux un homme qui l'eût mise à même de se livrer à son goût pour le luxe et d'insulter, par son faste, à la simplicité de M. de Sarnen.

Plusieurs jeunes gens, attirés par sa beauté, vinrent la demander en mariage ; mais elle les refusa tous. L'un n'était pas assez riche, l'autre pas assez beau, un troisième, riche et beau; mais il avait le malheur d'appartenir à la classe bourgeoise; elle lui eût donné sa main s'il avait été baron. Ce fut ainsi que tous furent dédaigneusement congédiés. Rosalie attendait toujours avec impatience l'époux de ses rêves, celui qui pouvait satisfaire son âme vaniteuse et l'élever au-dessus de sa sœur. Mais, par malheur, il ne se présenta personne qui remplît toutes ces conditions, et la pauvre Rosalie atteignit l'âge de trente ans sans être mariée.

Les roses de son teint commencèrent à se flétrir, ses yeux perdirent leur éclat; pour ajouter à tant d'infortunes, qui réduisaient à la douleur cette orgueilleuse beauté, elle perdit quelques-unes de ses dents de perles; son sourire, jadis si gracieux, et qui n'avait souvent d'autre but que de montrer deux rangées de dents aussi blanches que l'ivoire, avait perdu tout son charme; bien loin de là, pour ne pas faire voir les dents qui lui manquaient, elle ne parlait plus qu'en pinçant les lèvres, ce qui donnait à sa figure une expression désagréable. La perte de sa beauté et la vue du bonheur de sa sœur la désespéraient ; elle passait des nuits entières à pleurer, ce qui accélérait encore la perte de ses attraits. Sa constitution ne put résister à de si violentes secousses ; ses beaux cheveux, naguère noirs comme du jais, devinrent rares et commencèrent à blanchir ; elle maigrit à un tel point, que son visage se couvrit de rides, et à trente ans on aurait pu lui en donner quarante.

Quand elle fut arrivée à ce degré de décadence, il ne se présenta plus de prétendants ; la foule empressée de ses admirateurs s'éclipsa avec ses charmes. Rosalie n'était plus belle, et, comme elle n'avait acquis aucun talent qui pût la rendre agréable, quand sa beauté disparut, elle perdit tout ce qui l'avait fait rechercher. Aussi n'osait-elle plus qu'en tremblant se présenter dans le salon. A peine lui adressait-on la parole ; car son air devenait chaque jour plus rechigné, et ses manières dédaigneuses, dont on ne s'était pas aperçu quand elle était belle, ajoutèrent à sa laideur, dès qu'elle eut perdu sa beauté.

Ses parents moururent à cette époque et laissèrent beaucoup moins de bien qu'on ne s'y était attendu. Les spéculations de M. de Steinthal avaient considérablement diminué sa fortune. Aussi, quand ce qu'il possédait eut été divisé en trois parties, à peine en resta-t-il assez à Rosalie pour vivre d'une manière honorable.

Maintenant, mes chers amis, cette belle et fière Rosalie n'est plus qu'une vieille fille, laide, ignorante et incommode, qui est méprisée de tous ceux qui ont de bons sentiments; car son occupation favorite est de calomnier les personnes qui lui portent ombrage et ont plus de bonheur qu'elle. Cette occupation, quelque nuisible qu'elle soit, est la seule qu'elle puisse se permettre; car, n'ayant acquis aucun talent qui charme ses loisirs, après la perte de sa beauté, elle ne peut donc s'occuper que de porter des jugements malicieux sur ceux qui l'entourent.

Fuyez, mes chers enfants, ceux qui font de la médisance leur occupation favorite; leur société est d'autant plus dangereuse qu'ils cachent toujours sous le voile de la plaisanterie les traits acérés dont ils blessent ceux qu'ils ont pris pour but de leur malignité. Si vous fréquentez de semblables gens, peu à peu vous vous accoutumerez à médire et, ainsi qu'eux, vous déchirerez sans pitié jusqu'à vos meilleurs amis. Soyez, au contraire, indulgents envers les autres, cherchez à cacher leurs défauts plutôt qu'à les divulguer, et vous vous attirerez l'estime de ceux mêmes qui ont contracté le vice contre lequel je veux vous prémunir.

Je n'ai pas besoin de vous dire que Léopoldine fut aussi heureuse qu'elle le méritait. Elle eut plusieurs enfants, et parmi eux quelques-uns que la nature a doués du don dangereux de la beauté; mais elle les éleva si sagement, les accoutuma si bien à ne voir de beauté qu'où il y a un bon cœur, une âme noble et un esprit orné de connaissances utiles et agréables, qu'on peut être assuré qu'ils n'échouèrent jamais contre le dangereux écueil qui a causé la ruine de Rosalie.

Charlotte et Joconde, les deux anciennes amies de Rosalie, trouvèrent, il est vrai, des époux; mais ni l'une ni l'autre ne trouva le bonheur ; car elles n'apportèrent à leurs maris qu'un joli visage ; et, quand leurs attraits eurent été flétris par les années, et plus encore par leur amour démesuré des plaisirs, comme elles ne pouvaient retenir le cœur de leurs époux par les charmes de leur esprit, elles en furent méprisées et même maltraitées : quand l'amour eut disparu, la laideur de leur caractère parut dans tout son jour et les rendit insupportables. Rosalie ne fut pas à l'abri de leur médisance, et elles la récompensèrent avec usure des mauvais offices que celle-ci leur avait rendus par dépit de les voir mariées, tandis qu'elle était obligée de rester dans le célibat.

La société des méchants est rarement de longue durée ; quand ils ont épuisé tous leurs traits contre ceux auxquels ils voulaient nuire, ils les tournent contre eux-mêmes. C'est ainsi qu'ils rendent service aux bons, en se chargeant de les venger de leur noire malignité.

Emma et Clotilde, les amies de Léopoldine, eurent, au contraire, un sort fortuné, qu'elles ne durent qu'à leurs vertus et à leur amabilité. Elles trouvèrent des époux dignes d'elles, qui mirent tous leurs soins à les rendre heureuses. Leur amitié pour Léopoldine, qu'elles pouvaient à juste titre appeler leur sœur, devint chaque jour plus forte, et tous ne formèrent qu'une seule famille, unie par le lien indissoluble de la vertu et des talents.

Léopoldine, touchée de la position de sa sœur, lui offrit à plusieurs reprises de vivre dans sa maison ; mais Rosalie la refusa toujours avec froideur. L'envie qui dévorait son cœur lui fit préférer l'isolement au supplice d'être témoin d'une félicité qui aurait pu être son partage, si elle avait été moins frivole. Incapable de repentir, elle mourut sans être regrettée, comme elle avait vécu sans être estimée des gens de bien.

FIN DE BELLE ET LAIDE.

LE

PÊCHEUR.

« Que je suis las du métier de pêcheur ! disait Jacques en tirant de l'eau ses filets à demi déchirés et en les étendant sur l'herbe pour les faire sécher. Non content de courir chaque jour le danger d'être englouti par les eaux ou de contracter des maladies mortelles, il faut encore que je gagne si misérablement ma vie, que je sois toujours à la veille de voir ma famille manquer de pain. Qu'ai-je donc fait à Dieu pour mériter un tel sort? Combien le propriétaire du riche château qui domine notre pauvre village est plus heureux que moi ! Il semble n'être né que pour jouir de tous les biens de la terre. Il habite un magnifique château, est vêtu de velours ou de soie, repose sur des fauteuils plus moëlleux que ma pauvre couche de jonc et voit sans cesse à ses côtés des domestiques qui s'empressent de satisfaire ses moindres désirs. Qu'il est heureux ! Pourquoi faut-il qu'à la fleur de l'âge, plein de vigueur et de santé, je sois forcé de me plaindre de la longueur de la vie? »

En disant ces derniers mots, il s'assit sur le tertre où il venait de déposer ses filets et s'abandonna aux plus tristes réflexions. Pour la première fois, l'envie s'était rendue maîtresse de son cœur, et cette passion funeste en avait banni toute résignation. Il est vrai que jamais sa pêche n'avait été si malheureuse que depuis quelques semaines; à peine le poisson qu'il prenait suffisait-il pour nourrir sa famille. Il venait de mettre dans son panier deux petites perches et un carpillon dont le produit ne lui permettait pas d'acheter le pain de la journée. Dans la matinée de ce jour, Catherine, sa femme, lui avait montré l'état de vétusté dans lequel étaient les vêtements de leur plus jeune fils, et lui avait représenté le besoin d'en acheter d'autres.

Il lui avait répondu avec gaîté : « Qui sait, femme, ce que le Ciel me destine ? Peut-être la pêche sera-t-elle assez abondante pour que je puisse aujourd'hui même remplacer les vêtements de Pierre. » En effet, le temps semblait favorable ; mais on a vu que le sort avait trahi son espérance, et, pour comble de malheur, une énorme pierre qu'il avait tirée de l'eau avec son filet y avait fait un grand trou qu'il lui fallait encore raccommoder avant de le jeter à l'eau, de sorte qu'il devait, pour ce jour-là, renoncer à la pêche.

Jacques se mit aussitôt à l'ouvrage ; il n'osait pas retourner chez lui ; car il ne savait que répondre à sa femme quand elle l'interrogerait sur le succès de la journée. L'heureux propriétaire du château lui revenait sans cesse à l'esprit.

Le beau soleil du printemps, s'inclinant vers l'horizon et colorant les cieux d'une teinte de pourpre, était sans charmes pour lui. La brise, embaumée par les douces émanations des fleurs qui croissaient sur le bord du fleuve, ne réveillait pas ses esprits engourdis par le désespoir. La voix mélodieuse du rossignol avait perdu son charme magique. Il faisait nuit dans son âme, et rien ne pouvait le distraire de ses sombres pensées.

Enfin, quand les étoiles brillèrent aux cieux, il se leva, mit tristement son filet sur son dos, passa le panier à son bras et regagna sa cabane.

Sa femme était sur la porte. « Eh bien ! Jacques, lui dit-elle, la pêche a-t-elle été heureuse ? J'aime à le croire ; car tu as bien tardé. »

« Heureuse ! heureuse ! lui répondit Jacques en soupirant ; depuis longtemps il n'est plus de bonheur pour nous. A peine rapporté-je dans ce panier de quoi nous rassasier ; encore n'en aurons-nous pas assez si Henri vient souper. Ce garçon arrive toujours ici avec un furieux appétit. »

« Voudrais-tu donc cesser de nourrir ce bon Henri ? lui demanda Catherine ; n'est-il pas notre fils ? Le pauvre enfant ne reçoit, il est vrai, de notre riche voisin que de faibles gages pour la garde de ses troupeaux ; mais il nous apporte fidèlement tout ce qu'il gagne. Je pense même qu'aujourd'hui il aura encore plus faim que de coutume ; car le buffet était vide, et je n'ai pu lui donner que quelques bribes de pain avec lesquelles il lui aura fallu passer toute la journée. Tu le sais, mon cher Jacques, nous lui avons promis de le nourrir et de l'habiller pour la modique somme qu'il reçoit. »

« Je n'ignore pas cela, lui répondit Jacques avec humeur. Tu sais que je n'ai rien pris aujourd'hui ; par conséquent, ne me rappelle plus nos besoins, je ne veux pas en entendre parler, puisque je ne puis les satisfaire. Je crois vraiment que Dieu nous a refusé sa bénédiction. »

« Jacques, lui dit sa femme d'un ton sévère, garde-toi de désespérer de la bonté de ton Dieu, parce que tu éprouves un jour de malheur. N'augmente pas encore ta peine par d'injustes plaintes. Aide-toi, le Ciel t'aidera, dit le proverbe ; c'est-à-dire lutte avec résignation et persévérance contre la misère, et tu finiras par l'emporter sur elle. »

« Tu as raison, femme, tu as raison ; mais crois-tu donc que je vous voie souffrir sans éprouver de douleur, surtout quand il est à côté de nous des gens qui sont riches et heureux ?.... »

« Heureux, dis-tu ? Qui le sait ? Ils peuvent avoir plus de fortune que nous ; mais je ne pense pas qu'ils soient plus heureux. Avec de la résignation et une ferme confiance en Dieu, jamais nous ne serons malheureux. Il faut surtout bannir de ton esprit toutes les idées d'ambition et de grandeur. »

« Allons, embrasse-moi, lui dit Jacques ; tu es une brave femme. C'est vrai, j'ai eu tort de désespérer de la bonté de notre Seigneur et de me trouver malheureux. Tant que je serai avec toi et mes chers enfants, je ne pourrai jamais me plaindre du sort. Dieu viendra à notre secours à l'instant où nous y penserons le moins. »

« Je suis bien aise de te voir de meilleurs sentiments. Tiens, regarde, Jacques; Dieu est venu à notre aide, lui dit-elle en tirant du drap de son armoire; voilà pour faire un vêtement complet à notre petit. »

« Comment ! s'écria Jacques avec surprise; mais c'est le jupon de drap dont je t'ai fait présent il y a un an, après avoir reçu une assez jolie somme d'argent pour mes huit beaux brochets ! Jamais je n'en prendrai de pareils, dit-il en soupirant. Avec quoi iras-tu maintenant à la messe ? car tu n'avais pas d'autres vêtements pour les dimanches. »

« Il faut, avant tout, que notre cher Pierre soit vêtu; ensuite nous penserons à nous, lui répondit Catherine en pressant son fils contre son cœur. M. le curé ne trouvera pas à redire que j'aille le dimanche à la messe avec mes habits de travail. On prie tout aussi bien Dieu avec des vêtements grossiers qu'avec une riche parure. Le Seigneur n'envisage que la pureté des intentions. »

Jacques embrassa sa chère Catherine et remercia intérieurement le Ciel de lui avoir donné une femme si pieuse.

Catherine prit alors les poissons qui étaient dans le panier, les fit cuire et les mit sur la table, après avoir placé près de l'écuelle de chacun une tranche de pain qui était assez mince. Elle joignit ensuite les mains avec recueillement et pria le Seigneur de bénir leur modeste repas. Jacques joignit sa prière à celle de sa femme et rendit grâces à Dieu d'avoir jeté sur lui un regard de pitié, en lui donnant pour compagne une femme dont les paroles consolantes bannissaient la tristesse de son cœur et lui rendaient la misère supportable.

Quand Henri rentra, il mourait de faim : le pauvret avait passé toute la journée au milieu d'une aride bruyère, exposé aux rayons brûlants du soleil. Sa mère lui servit à souper, et il ne murmura point de ce que sa part était si petite ; il n'en demanda même pas la cause. Il remercia Dieu dans le fond de son cœur de ce qu'il n'était pas obligé d'aller se coucher sans souper. Quand il eut achevé son repas, il sortit de la cabane et rentra quelques instants après avec un panier qu'il déposa sur la table, en disant : « Voilà notre dessert. »

Catherine souleva les feuilles qui couvraient le panier et le vit plein de fraises que le pauvre Henri avait passé la journée à cueillir. Elle embrassa son cher enfant et lui reprocha doucement de s'être exposé pendant plusieurs heures aux rayons du soleil pour chercher des fruits qui seraient mangés en un instant.

Le lendemain, notre pêcheur fut plus heureux que la veille : il trouva dans ses filets une belle truite saumonée, qu'il destina aussitôt au riche propriétaire du château, qu'il savait être grand amateur de beau poisson et le bien payer. Il prit aussi un grand nombre de poissons de toute espèce, de sorte qu'après avoir vendu à la ville ce qu'il avait de plus beau, il lui en restait encore assez pour faire un excellent repas. Il mit la belle truite dans un filet et se rendit en toute hâte chez le gentilhomme, afin d'arriver assez à temps chez lui pour empêcher sa femme de couper son déshabillé et en faire des vêtements à son petit Pierre.

Pour accourcir son chemin, il traversa le parc. Il était à peine entré dans l'allée qui conduisait au château, qu'il entendit la voix du gentilhomme qui appelait ses gens à haute voix et accompagnait ses cris de jurons et d'expressions qui décelaient la plus violente colère. Jacques, effrayé, se hâta de courir au lieu d'où partait la voix, pour voir ce qu'il y avait. Dès que le gentilhomme l'aperçut, il lui dit :

« Vous venez fort à propos, mon cher Jacques, pour m'aider à rentrer au château. Vous voyez comme ces marauds de domestiques m'abandonnent. Pas un d'eux ne vient à ma voix. Que je suis malheureux ! Je changerais volontiers de sort avec vous. »

« Vous changeriez de sort avec moi ! lui demanda Jacques avec surprise. Vous m'étonnez ; je vous croyais l'homme le plus heureux de la terre. Que vous manque-t-il ?

Vous n'avez qu'à manifester un désir pour qu'il soit aussitôt satisfait. »

« Détrompez-vous, mon ami, lui répondit le gentilhomme en poussant un profond soupir; bien loin d'être heureux, je suis plus à plaindre qu'un misérable journalier. Plus d'une fois, je vous le répète, j'ai envié votre sort. Vous êtes dispos et bien portant; vos mets, quoique grossiers, flattent plus votre palais que les mets délicats qui couvrent ma table. Vous avez une femme et des enfants qui vous aiment; mais moi, je n'ai rien de tout cela. Oh! je suis un homme bien malheureux! »

Le ton avec lequel il prononça ces mots firent venir les larmes aux yeux de Jacques.

« Croyez-moi, continua-t-il, la fortune ne fait pas le bonheur. Comme je vois à votre émotion que vous êtes compatissant, je puis vous conter mes peines. Dans ma jeunesse, je me livrai sans frein à l'intempérance et je détruisis ma santé à un tel point, qu'aujourd'hui je ne puis plus faire usage de mes jambes; je souffre continuellement de la goutte, et cette affreuse maladie ne me quittera qu'à la mort. Je supporterais ces souffrances avec résignation, si je trouvais des consolations chez les miens; mais, à mon grand regret, je suis l'objet de leur froideur. Ma femme ne m'a épousé qu'à cause de ma fortune et ne m'aime pas. Elle se livre sans retenue aux plaisirs, tandis que je suis confiné dans ma chambre sans en pouvoir sortir.»

« Ce ne serait pas Catherine qui me délaisserait de la sorte, lui dit Jacques; pour peu que je sois triste ou indisposé, elle ne me quitte pas que je ne sois tout-à-fait rétabli. Mes enfants en font de même. Ces pauvres enfants, il n'est pas de joie pour eux quand je suis triste. »

« Des enfants ! s'écria le malade; si les vôtres font votre joie, les miens font tout mon malheur. J'ai deux fils et deux filles; tous les quatre sont élevés ; mais je n'ai de satisfaction ni des uns ni des autres. Mes fils ont embrassé l'état militaire. L'un d'eux a eu une dispute avec un de ses camarades au milieu d'une orgie, et l'a tué en duel. »

« Quel malheur ! » s'écria Jacques avec l'accent de la douleur.

« Hélas ! oui, c'est un malheur terrible ; mais ce n'est pas tout. Les lois condamnent les duellistes à mort ; cependant le roi lui a fait grâce ; mais sa peine a été commuée en dix années de réclusion dans une forteresse. Son frère est un débauché qui eût bientôt dissipé tout son patrimoine si je n'y avais mis bon ordre ; je me suis vu contraint de le faire enfermer. Quant à mes filles, elles ont l'esprit aussi frivole que leur mère ; elles ne pensent qu'aux bals et aux plaisirs. Mes domestiques, quoique nombreux, sont si constamment occupés par ces dames, qu'ils n'ont pas même le temps de me donner des soins ; sans parler de leur grossièreté envers moi, qu'ils savent n'avoir aucun ami dans ma propre maison et être à charge à tout le monde. Aujourd'hui, la beauté du jour m'a fait éprouver le désir de me promener un instant ; je me suis fait descendre dans le parc, où mon valet de chambre m'a traîné dans cette chaise roulante ; mais ce misérable, tout dévoué à ma femme, a prétexté le besoin de retourner un moment au château, et depuis deux heures il n'est pas revenu. Je crains que la fraîcheur de l'air ne me rende encore plus malade que je ne suis. Tandis que je me désespère ici, j'entends les cris de joie de ma femme et de mes filles, qui ne pensent pas plus à moi que si je n'étais plus. Je vous prie, mon cher Jacques, d'aller au château dire à mes domestiques de me venir chercher. »

« Si ce n'est que cela, Monsieur, lui dit Jacques, je n'ai besoin de personne pour vous reconduire au château ; il ne faut pas grande force pour pousser votre chaise. Je vais, en attendant, mettre ici la truite saumonée que je vous apportais, et je viendrai après la chercher. »

« Vous m'apportiez une truite saumonée ! s'écria le gentilhomme. Montrez-la-moi. Quel beau poisson ! Combien je regrette de n'en pouvoir pas manger ! Mais la chair en est trop grasse, et mon pauvre estomac est trop faible pour digérer de tels mets. Cela n'empêche pas que vous ne portiez ce poisson à la cuisine ; si je n'y puis goûter, il y en a d'autres à qui il fera plaisir. Tenez, voilà 10 fr. ; êtes-vous content ? »

« Dix francs ! mais c'est beaucoup plus que la valeur du poisson. »

« Non, non ; ce poisson est beau, et je ne le paie que ce qu'il vaut. Heureux Jacques, que j'envie votre sort ! Que je voudrais, ainsi que vous, avoir une bonne femme et de bons enfants, et jouir d'une santé robuste ! Je donnerais volontiers tout ce que je possède pour avoir tout cela ; mais, hélas ! ces biens ne se vendent pas. »

Jacques se mit alors derrière le fauteuil du goutteux et le poussa jusqu'au château. Il entra dans le vestibule et appela les domestiques pour transporter leur maître dans sa chambre ; mais ce fut en vain : personne ne répondit à sa voix. Tout semblait mort dans cette maison. Enfin, il entra dans la cuisine et trouva à ses fourneaux le cuisinier suant à grosses gouttes.

« Où sont donc les domestiques ? » demanda le pêcheur en entrant.

« Est-ce que cela me regarde ! répondit le cuisinier avec humeur ; j'ai bien assez de m'occuper de moi. Tous les jours des festins dans cette maudite maison ; je n'y puis, ma foi, plus tenir. Si cela continue, je serai obligé d'en sortir. »

« Votre pauvre maître est dehors ; quittez un instant votre cuisine pour m'aider à le transporter dans sa chambre. »

« Qu'il y reste ; quant à moi, je ne bouge pas d'ici. Il vient d'arriver de la ville une douzaine de convives ; j'ai bien assez à faire de préparer le dîner. »

« Mais votre maître doit passer avant les convives. »

« Pas du tout : ici c'est Madame qui commande, et, si je veux rester dans cette maison, il faut que je n'obéisse qu'à elle. Les autres domestiques sont dans la salle de bal, qu'ils disposent pour ce soir. »

Jacques quitta la cuisine et s'empressa d'aller à la salle de bal, où il trouva les domestiques tout aussi occupés que le cuisinier. Il eut beau leur demander de venir chercher leur maître, aucun d'eux n'écouta ; ils firent, au contraire, la sourde oreille ; car, si l'un d'eux eût quitté son poste, sa maîtresse l'eût congédié sur-le-champ.

Jacques, désespéré du mauvais succès de ses prières, retourna près du gentilhomme. En passant devant la porte du salon, il y entendit rire et causer; cette insensibilité lui-déchira le cœur. Par bonheur il rencontra un garçon jardinier qui se dirigeait vers la salle avec un énorme bouquet de fleurs. Il lui adressa la même demande, et celui-ci lui promit d'aller le rejoindre dès qu'il aurait porté ses fleurs.

Le vieux gentilhomme était hors de lui de se voir délaissé de la sorte, et il éprouvait intérieurement de la honte de se voir ainsi humilié devant un étranger. Élie (c'était le nom du garçon jardinier) arriva enfin et lui aida à transporter son maître dans sa chambre.

En passant devant la porte du salon, d'où partaient des cris de joie, ce pauvre homme soupira et dit : « Ce n'est pas là ma place; c'est dans ma chambre qu'il faut que je sois relégué. Que je suis malheureux! »

Ces paroles percèrent de douleur le cœur du pauvre Jacques. Il se repentait intérieurement d'avoir pu se trouver malheureux quand il y avait des hommes mille fois plus à plaindre que lui.

Quand Élie fut parti, Jacques dit au gentilhomme : « Monsieur, hier encore je me croyais le plus infortuné des hommes, parce que je n'avais pris que peu de poisson, et j'enviais secrètement vos richesses, que je croyais seules capables de rendre heureux ; mais je reconnais aujourd'hui mon égarement, et je vois qu'avec des vêtements en guenilles et un estomac quelquefois trop longtemps à jeûn, on peut être fort heureux. Votre sort me paraît si affreux, que je ne changerais pas ma misère contre votre opulence. Je suis fort et dispos ; ma femme et mes enfants m'aiment ; et je les paie sincèrement de retour. En voilà tout autant qu'il faut pour être le plus heureux des mortels. »

Le pauvre gentilhomme sourit amèrement en entendant Jacques parler de la sorte. Il tira de sa bourse une pièce d'or, qu'il lui donna, et Jacques retourna dans sa cabane, qui lui parut un palais.

Depuis cette époque, Jacques ne se plaignit plus de son sort ; quand la pêche était mauvaise, il se consolait en pensant que peut-être elle serait meilleure le lendemain ; de sorte que, supportant avec résignation tout ce que le sort lui envoyait, se réjouissant du bien et prenant le mal en patience, il devint, en effet, le plus fortuné des hommes.

Cette histoire prouve que le bonheur ne consiste pas toujours dans la possession de grandes richesses, mais dans l'art de jouir du peu qui nous est échu en partage.

FIN.

Rouen. Imp. MEGARD et Cie.

www.ingramcontent.com/pod-product-compliance
Ingram Content Group UK Ltd.
Pitfield, Milton Keynes, MK11 3LW, UK
UKHW020446200726
13857UKWH00002B/595